I0212266

Mujeres reales, no ideales

Despierta tu mente, tu alma y tu corazón
¡y recupérate a ti misma!

María Florentina Atz

I

II

Mujeres reales, no ideales

Copyright © 2024 by María Florentina Atz

Todos los derechos reservados.
Ninguna parte de este libro podrá ser reproducida,
transmitida o distribuida de ninguna forma y por ningún
motivo, incluyendo fotocopiado, audio grabado u otros
métodos electrónicos o mecánicos, sin la autorización
previa del autor; excepto para el uso de pequeñas reseñas
y ciertos otros usos no comerciales permitidos por la ley
Copyright Act Of 1976.

Título: **MUJERES REALES, NO IDEALES**
Subtítulo: *Despierta tu mente, tu alma y tu corazón*
¡y recupérate a ti misma!
Autor: **María Florentina Atz**

Isbn: 978-1-63895-048-6

Santillán Editorial
+1 (916) 308 - 3540
santillaneditorial@gmail.com

SANTILLAN

Primera Edición
Impreso en USA

Dedicatoria

A todas las mujeres que están en los rincones más escondidos del mundo y se enfrentan al tormento de no encontrar una salida.

A mis queridas hermanas del alma, quienes atraviesan procesos dolorosos, desafiantes y a menudo incómodos en sus propios hogares, junto a sus compañeros de vida.

Es mi deseo que este libro sea la respuesta a sus plegarias, una herramienta poderosa que inspire fe y esperanza en el amor propio, permitiéndoles encontrar el valor en sí mismas.

"Mujer virtuosa, ¿quién la hallará? Porque su valor sobrepasa grandemente al de las piedras preciosas".

Proverbios 31:10.

Agradecimientos

Quiero expresar mi profundo agradecimiento a Dios, el creador de mi alma, quien nunca me abandonó en los momentos más oscuros de mi vida.

Sin Él, nada sería posible en mi camino. En Dios encuentro mi fuerza, fortaleza y esperanza. En todo momento, Él ha sido mi refugio, mi confidente, mi proveedor, mi salvador y mi amado. En Él está mi confianza, sabiendo que nunca falla.

A mis cuatro hijos, fruto de mi vientre, doy gracias a Dios por permitir que llegaran a mi vida como respuesta a mis oraciones. Cada uno de ustedes ha sido una luz brillante, iluminando cada paso de mi camino:

A ti, Galilea, mi hermosa primogénita, quiero expresar mi más sincero agradecimiento. Gracias por tu amor incondicional, tu profunda fe en Dios, tu valentía y tu alma sin rencor. Tu bondad llena mi corazón de gratitud.

A Daniela, mi querida princesa, te agradezco por llegar a mi corazón como una cierva, enseñándome la humildad de tu ser y tu deseo constante de aprender más sobre nuestro amado Dios.

A ti, Emmanuel, mi amado hijo, te agradezco por enseñarme que Dios siempre está con nosotros, mostrándome la nobleza de tu hermoso corazón y trayendo respuestas divinas a mi vida desde el cielo.

A Daniel, mi valiente hijo, te agradezco por enseñarme la importancia de estar vigilante en todo momento y por mostrarme la fortaleza necesaria para mantenerme firme. Eres un regalo preciado de Dios en mi vida.

Este libro ha sido posible gracias a la ayuda de mi Creador, con la intención de dejar un legado para mis hijos, nietos y todas las generaciones futuras que serán bendecidas por él. Gracias, Padre, gracias, Hijo, y gracias, Espíritu Santo, por guiar mi camino y llenar mi vida de propósito y amor.

Acerca de la Autora

María es una apasionada defensora de las mujeres, comprometida en brindar apoyo y orientación a través de los dones y talentos que ha recibido para servir a la humanidad en estos tiempos. Su enfoque principal se centra en el *coaching* de vida y la construcción de la autoestima de las mujeres, siendo un apoyo constante en sus vidas cotidianas. Como líder de grupos en las redes sociales, María se dedica a ofrecer ayuda a aquellas mujeres que atraviesan etapas difíciles en sus vidas. Su misión es ser un faro de luz, esperanza y fortaleza para quienes más lo necesitan.

María ha descubierto su verdadera vocación como guía espiritual, ayudando a las almas a encontrar a su Dios y Salvador en medio de las adversidades. Cada día, se prepara con entrega, pasión y búsqueda continua de una conexión más profunda con su Creador, con el corazón, la mente y el alma dispuestos a servir y dar amor a la humanidad. Su compromiso con el bienestar de las mujeres y su conexión espiritual la hacen una fuente de inspiración y apoyo invaluable para aquellos que la rodean.

CONTENIDO

Introducción

Hoy me levanto muy temprano, como es mi costumbre de cada día y, antes de pensar en probar bocado, me tomo unos minutos para conectar conmigo misma, mirarme al espejo y reconocerme en mi propia piel. Sí, soy la persona que deseo ser y estoy en el lugar donde quiero estar. Mi vida es perfecta, aquí y ahora. Salgo a caminar y disfruto de los primeros rayos del amanecer proyectándose sobre mi rostro, qué espectáculo maravilloso poder contemplar un nuevo día con sus colores, sus milagros y las incontables oportunidades que se prometen con la simple pero majestuosa salida del sol de cada mañana. Acompaño mis pasos con una meditación silenciosa y agradezco en oración a mi Dios invisible pero presente en todas las cosas por regalarme un nuevo aliento para disfrutar de su maravillosa creación. No doy nada por garantizado. Bendigo el milagro de esta nueva jornada de vida que comienza y regreso sobre mis pasos para acompañar la preparación de mis hijos que apenas despiertan para irse a estudiar.

Comparto con ellos el desayuno y los despido con todo el amor del mundo, me acomodo en mi espacio de lectura para descubrir la Palabra que me es dada en este momento cotidiano de nutrición espiritual. Termino con alguna de las grandes historias de las mujeres de la Biblia y reconozco un nuevo ejemplo de damas que desde hace más de dos mil años vienen haciendo la diferencia en esta tierra, la misma que hoy compartimos y que parece tan distinta pero a la vez tan similar. Tomo nota de la referencia y me dirijo a mi mesa de trabajo para reservarla en la preparación de mi programa de radio, el que conduzco cada miércoles para conectar con tantas damas que necesitan ser escuchadas y que, como yo alguna vez hice, luchan por salir de situaciones de abuso que las mantienen atadas a relaciones y realidades en las que ya no quieren estar.

Sí, hubo una época en que mi vida estaba muy lejos de la tranquilidad de la que gozo hoy en día, fue un camino largo y doloroso el que tuve que recorrer para llegar a este lugar de paz y satisfacción personal que hoy habito: mi santuario de auto realización e independencia, edificado sobre mi propio dolor y lágrimas. No fue fácil conseguirlo y lucho por él cada día, por la tranquilidad de mis hijos, por mi derecho a seguirlo fortaleciendo. Pero no me basta con mi tranquilidad, quiero compartir mi historia para que sirva de inspiración a cada hermana que ha dejado de creer que el cambio es posible, que decidió tirar la toalla y seguir aguantando porque se convenció de que esa historia que tanto desprecia es lo que le tocó vivir; que normalizó el machismo desmedido con el que se nos educa, en muchos casos, desde que apenas tenemos conciencia.

Hoy me dirijo a ti, amiga mía, con la intención de contarte una historia que busca impactar la mente, el alma y el corazón de miles de mujeres que aún no se deciden a salir del miedo, que desean un cambio drástico pero no terminan de creerse que es posible. ¡Claro que se puede! Sobre todo cuando lo decidimos y tomamos cartas en el asunto. Cuando despertamos y nos damos cuenta de que nuestras capacidades siempre han estado ahí dormidas, esperando que les concedamos el impulso para alcanzar los más grandes objetivos junto a nosotros.

Esta historia que te voy a contar no tiene personajes inventados o acontecimientos ficticios. Es real, así como lo soy yo misma. Hace mucho que dejé de esconderme, hace mucho que perdí la vergüenza a mostrarme con autenticidad y narrar lo que he vivido; mi deseo es impulsar a todo el que me escuche a hacer lo mismo, porque no sabemos a quién podemos estar alcanzando con nuestro mensaje, a quien podemos estar impactando y lo que el poder de nuestra palabra despierte en alguna mente dormida que solo necesitaba un estímulo para decidirse a retomar el rumbo.

Gracias por estar aquí y acompañarme en este viaje de autodescubrimiento y sanación que me tomó toda una vida alcanzar, pero que siento que aún comienza, pasados ya mis cincuenta años. Es mi más profundo anhelo que represente un valor agregado para ti cualquiera sea el proceso que estés atravesando y, si no, solo te ruego que compartas y me ayudes a llegar a cuantas almas estén a mi alcance para seguir esparciendo mi mensaje de esperanza y cumplir por cada medio con mi misión de vida en este mundo: Despertar la mente, el alma y el corazón de las guerreras dormidas que mi Creador ponga en mi camino y ser luz que contagie a todo aquel que la pueda necesitar.

Bienvenido a mi vida, Dios Padre bendiga la tuya.

CAPÍTULO **1**

Huyendo de Casa

*"Mira que te mando que te esfuerces y seas valiente;
no temas ni desmayes, porque Jehová tu Dios estará
contigo en dondequiera que vayas."*

JOSUÉ 1:9

Detrás de la edad, detrás de la persona que soy y que hoy ve el mundo del modo en que yo lo veo, en la etapa de vida en la que estoy y desde la cual me presento, está la historia de mi niñez, de los momentos felices y no tan felices que acumulé como experiencias desde muy pequeña en mi país natal: Guatemala, en el pueblito donde crecí junto a mis siete hermanos, de los cuales soy una de las últimas, y de cómo a la corta edad de seis años me quedé, así como también se quedaron todos ellos, huérfana de madre inesperadamente.

Este suceso tan contundente, marcó la existencia de cada uno de los miembros de mi familia de modo irreversible pues, sin su presencia, quedamos a la deriva emocionalmente y nos tocó adaptarnos de la mejor manera que pudimos para seguir adelante en medio de una extrema pobreza y, aún más profunda, tristeza.

Como para todo niño, mis padres eran mis héroes y la imagen de ella, de esa guerrera amada que me dio la vida, se grabó en mi memoria de modo imperecedero aunque sin rostro definido entre mis recuerdos infantiles. Con el pasar del tiempo, lo poco que me quedaba de su imagen, se fue desdibujando hasta convertirse en apenas una silueta, muy lejana, en una sensación sin rostro de la que guardo más añoranza que verdadera memoria a la cual aferrarme.

Quedamos abandonados, prácticamente huérfanos, al menos así nos sentimos debido a que papá, quien permaneció presente pero ausente a la vez, se iba largos meses a trabajar para poder traer lo que se ocupaba en la casa; lo mínimo, pues la pobreza era demasiada. Velaba por nuestra comida, por nuestras cositas, pero su esfuerzo resultaba insuficiente. A los siete años, me acuerdo que aún no llevaba calzado, ni yo ni mis hermanos, caminábamos descalzos por donde quiera y era natural para nosotros; sencillamente, la forma de vida a la que estábamos acostumbrados.

Ante esa ausencia de mamá, ante esa predestinación por la que, como a todo ser humano, le llegó el momento de viajar y abandonar este plano; ante esa complicación en su último parto por no cuidarse adecuadamente que se la llevó dejando a una bebé recién nacida en manos de nuestra hermana mayor, todos volcamos nuestra necesidad de una figura materna sobre esa joven de diecisiete años quien quedó a cargo de nosotros automáticamente, quien se convirtió en madre automáticamente y sin anticiparlo. De la noche a la mañana, pasó de ser una niña a mamá de seis hermanos y una bebita de pecho; tamaña responsabilidad la afectó también en diferentes aspectos que terminaron volcándose, de manera inevitable, sobre el resto de nosotros.

17

Fue una gran frustración para ella pasar de la adolescencia a la adultez de esa manera, sin experiencia, sin alternativa aparente, asumiendo esa carga que no le correspondía, y su forma de descargarse, de soltar de algún modo tanta impotencia, tanto estrés acumulado, fue educándonos a los golpes y a los gritos, una disciplina drástica que no era cuestionada en aquellos tiempos, un régimen de enseñanza que no se sancionaba como se hace hoy en día. Lo aceptábamos, nos doblegábamos a ella, porque todo era ella; aprendíamos de esa mala manera y agradecíamos su presencia pues entendíamos que, en su ignorancia, mi hermana solo nos estaba transmitiendo lo que a ella se le enseñó, de la única manera que sabía hacerlo.

En esos tiempos, para la mujer, no existían grandes posibilidades de prepararse. Así como mis hermanas, yo también fui una chica sin estudios. La poca educación que se ofrecía en mi pueblo comenzaba por el primer año de primaria, no existía nada equivalente al preescolar o kínder para los niños más pequeños y a ese primer año yo asistí a lo sumo tres meses; luego, si acaso, una vez a la semana; hasta que definitivamente no me enviaron más y me quedé en casa a absorber y repetir los patrones ancestrales a los que mis padres estaban acostumbrados, los mismos que les fueron inculcados por sus antepasados generaciones tras generaciones y que llegaron hasta nosotros intactos, defendiendo que la mujer no fue creada para estudiar y que el estudio era solo para para el hombre, por lo que no se le daba a las niñas ni siquiera la oportunidad ni se invertían recursos o esfuerzos en ello. La mujer en mi familia, y en mi entorno en general, se reservaba para aprender únicamente las labores cotidianas del hogar como cocinar, limpiar, atender la casa y apoyar a los padres en todo lo que se pudiera.

Como era de esperarse, mi hermana replicó este tipo de enseñanza en todos nosotros, la única instrucción que ella había recibido y que la obligaba, en consecuencia, a encargarse de su familia mientras el hombre de la casa no estaba. Se le impuso ser adulta cuando aún no estaba preparada para ello, una adolescente de apenas diecisiete años, ¡claro que tuvo que sentirse abrumada, deprimida, quién sabe cuántas cosas más en medio de tanto compromiso y pobreza!, en medio de tanta ignorancia. Para mayor desconsuelo, la bebé que quedó a su cuidado, esa pequeñita que mamá dejó sin un pecho donde abrigarse y alimentarse en sus primeros días de vida, contrajo una infección estomacal debido a la leche de vaca que se le suministró para sustituir la lactancia materna que ya no estaba a su alcance y, tristemente, no sobrevivió.

Dicho suceso tendió una sombra de culpa sobre nuestro hogar que nos persiguió durante mucho tiempo, sobre todo a ella, a nuestra hermana, quien se amargaba cada día un poco más y nos lo hacía sentir de manera contundente en sus continuos maltratos y falta de cariño.

Mimos, los pocos que recibíamos de papá en sus breves estancias en casa entre viaje y viaje, su presencia era mínima pero lograba, en esos cortos instantes de compartir con sus hijos, satisfacer a mordiscos nuestra necesidad de afecto. Sí, a mordiscos, pues tenía la costumbre de abrazarnos a cada uno, sentarnos en sus piernas, mecernos y pedirnos la frente para mordisqueárnosla ¡con un cariño tan bonito! Se trataba de un gesto primitivo, casi instintivo pero tan limpio, tan puro, que lo recibíamos con una emoción difícil de explicar. Lo hacía con todos sin preferencias, no solo conmigo, era un tipo de amor que manifestaba a todos por igual, logrando acariciar nuestra alma para aguantar los largos períodos en que no estaba, que eran casi todo el tiempo. Esa cercanía con él fue muy especial para mí, para todos nosotros, lo tengo por seguro.

De mi hermana solo recibía palabras denigrantes: "tonta", "no sabes hacer nada", cosas por el estilo, y así fue pasando el tiempo, entre tanta presencia suya y tanta ausencia de papá, por lo que fui asumiendo en definitiva que yo era, ni más ni menos, una niña huérfana.

Entre tanto golpe, gritos y maltratos de palabra que se administraban en mi mente, alma y corazón, en medio de todo aquello, fui descubriendo un espacio donde poder dar rienda suelta a mi niñez y disfrutar mi vida sin ser cuestionada ni sancionada. Me escapaba, cada vez que podía, y me internaba en la naturaleza; en los bosques, en los ríos, caminando sola entre los árboles, explorando y trepando en ellos, descargando y olvidando un poquito lo que se vivía dentro de mi hogar. Entre esas ramas donde me recargaba de energía, conectando conmigo misma, con mi ser, empecé a reconocer que dentro de mí había algo diferente que yo no miraba en mis hermanos, había una llama, algo, una vocecita que yo oía y que me decía: "Esto no es lo que tú vivirás, hay algo distinto para ti".

Allí, en medio de la naturaleza, creaba personajes en mi mente, sentía que estaba en otro mundo; sencillamente, hacía cosas diferentes y al regresar a casa miraba la realidad de mi vida y comencé a sentirme extraña.

Mi hermana mayor empezó a darse cuenta, me miraba hacer cosas que no veía al resto y comenzó también a decirme: "Tú eres rara, tú no perteneces a esta familia, tú eres diferente, tú haces cosas diferentes". Luego me preguntaba: "¿Cómo lo haces? ¿Dónde lo aprendes?"; yo, sencillamente, le respondía: "No lo sé", porque en verdad no lo sabía, no lo supe hasta mucho tiempo después, pero aún hoy recuerdo vívidamente las palabras que ella me decía.

Tan diferente y tan rara fui que a la edad de nueve años me presenté ante mi hermana con una determinación que ni yo misma sé explicar de dónde vino: "Me voy de la casa" le informé, con un aplomo más grande que mi propia estatura y ella se rio en mi cara, incrédula: "Tú estás loca, ¿qué vas a hacer allá afuera? Solo eres una niña, no sabes hacer nada, no estudiaste, ¡no hay estudio para ti!". No me tomó en serio, eso era evidente, por lo que me dio su autorización, más como una sentencia, como una burla, que cediendo en realidad a mi deseo: "Vete... en la noche regresarás".

Acto seguido, agarré una bolsita de mercado, metí allí tres mudas de ropa con diferentes parches, que era todo lo que yo tenía, y me fui, a muy temprana hora de la mañana. La suerte fue que, desde los siete añitos, ya a mí me mandaban a los mercados a vender el frijol, el maíz, la fruta, y así fui conociendo desde adentro cómo funcionaba todo ese negocio y la dinámica del comercio que se manejaba a su alrededor. Siempre fui una niña a la que le gustaba platicar mucho con la gente grande, me interesaba aprender, así que yo miraba y preguntaba, ya todos me conocían de tan preguntona que me había vuelto y mi calidad de observadora me llevó a establecer amistad con una señora ya mayor que yo identifiqué que viajaba mucho a la ciudad a entregar mercadería como verduras, aguacate, gallinas, cosas así, además de artículos hechos a mano que compraba para revender.

Sí me fui, porque ese día que yo decidí salir de mi casa y, sin mirar atrás, llegué junto a ella y le dije: "Yo quiero conocer la ciudad, ¿me lleva?".

Se trataba, debo admitir, de una señora que conocía a mi familia, eso también me inspiró confianza; sin embargo, al verme tan decidida, ella no solo se quedó sorprendida, sino también preocupada y por esa misma razón me preguntó: "Ajá, te vas conmigo a la ciudad... ¿y después?, ¿qué piensas hacer?", pero yo no estaba dispuesta a renunciar a mi decisión, ni siquiera a dejarme convencer para reconsiderarla, así que le pedí sin dudarlo: "Consígame un trabajo, yo puedo". "¿Y te piensas desaparecer sin decirles?", se refería a mis hermanos y a mi papá, por supuesto, pero yo la tranquilicé asegurando: "Es que mi hermana ya sabe, ella sabe que yo me estoy yendo pero cree que en la noche voy a regresar... pero yo no voy a regresar". Y tal fue aplomo que vio en mí, siendo aún una niña tan pequeña, que la convencí y me llevó consigo.

Así fue como me escapé de casa y no volví en la noche, no volví más. Desde entonces aprendí y entendí que yo me estaba forjando un futuro, que me estaba abriendo un camino diferente al que mis hermanos transitaban, porque esa valentía que yo tuve no sé de dónde salió, yo no sé en qué momento esos pensamientos liberadores llegaron, pero me aferré a mi intuición como en adelante siempre haría y los aproveché al máximo para labrarme las oportunidades que necesitaba para deslastrarme de esa existencia que no sentía como propia y que me hacía sentir asfixiada. No sería la única vez que la confianza en mis propios talentos me mostraría la ruta precisa para alcanzar mis metas o ver la luz al final del túnel, pero sí fue la primera, y faltaba mucho por recorrer para encontrarme con la siguiente encrucijada que pondría a prueba mi voluntad y mi capacidad de reinventarme, para triunfar y salir airosa frente a las adversidades.

CAPÍTULO **2**

Heridas de Huérfana

"Él sana a los quebrantados de corazón y venda sus heridas"

SALMOS 147:3

Finalmente, llegué a la ciudad en compañía de la señora del mercado pero seguía sin responder a las dos interrogantes básicas que se me presentaban para poder quedarme y arrancar con esa nueva vida a la que le estaba apostando todo o nada pero que, por lo pronto, seguía pareciendo tan solo un sueño: ¿dónde viviría y de qué viviría de allí en adelante? Sin ánimos de abusar de ella, pero consciente de que representaba mi única esperanza para conseguir una oportunidad real en ese viaje completamente desconocido para mí, me armé de valor, esperando no molestarla con mi insistencia y nuevamente le solicité: "Con toda la gente que usted conoce, ¿por qué no me consigue un trabajito? Yo puedo cuidar bebés".

Fue así que me llevó con una de las personas donde ella entregaba mercadería y me solicitó un empleo para atender a un pequeñito de seis meses, pero la patrona en cuestión, al verme tan niña, me rechazó de inmediato: "No, para ti no hay trabajo". Pese a su negativa y contundencia, no me dejé abatir; por el contrario, recurrí a la astucia que tampoco sabía de dónde me venía y le ofrecí un trato que no pudo rechazar: "Un mes y usted me dice si le sirvo; si no, yo me voy de vuelta. Yo no quiero sueldo, solo necesito comida y ropa". De esa manera, comencé en la ciudad.

Esta empleadora, con la que permanecí todo un año, me enseñó con suma paciencia cómo debía cuidar a su bebé y, después del primer mes, luego de amenazarme con devolverme a mi casa si no le servía de ayuda, me ofreció veinte quetzales, que es la moneda que se maneja en Guatemala, como paga por mi trabajo.

Pasado un mes más, me sorprendió de nuevo al incrementar mi salario a treinta y cinco quetzales pues, según sus propias palabras, yo ya sabía desempeñarme casi, casi como una adulta. Esa fue mi recompensa. Me sentí muy agradecida pues, además de mi pago, me retribuía también en ocasiones con algún gesto bonito o me compraba alguna ropita como obsequio y, poco a poco, fuimos cultivando un afecto genuino; hasta entonces, fue lo más parecido a un hogar que conocí. En ese lugar, además, pude vincularme con la dinámica de una familia funcional, diametralmente distinta a lo que yo había aprendido en mi casa y eso me abrió los ojos a una nueva realidad.

Lógicamente, esa decisión de irme y estar sola siendo tan joven, una niña de nueve años, sin sus padres, lejos de sus hermanos y de su entorno, me trajo noches enteras de lágrimas.

Durante el día, hacía gala de mi fortaleza, concentrada en mi decisión de construirme un futuro con toda la valentía que pude reunir para sostenerme y conformándome con los pocos cariñitos que me brindaban; pero, al final, cuando las luces se apagaban, seguía estando entre personas extrañas que no iban a cubrir mi falta de amor por siempre ni a estar conmigo en las buenas y en las malas, eso lo recordaba muy bien a la hora de recogerme al cuartito de servicio donde me alojaban.

Se trataba de una habitación cruzando el jardín, al fondo, la típica recámara para la empleada doméstica que, al menos en Guatemala, siempre hay en las casas con cierto nivel económico. Ahí me llegaba la hora de dormir y de confrontar a mamá en medio de la tristeza: ¿dónde estás?, ¿por qué me dejaste?, ¿por qué te fuiste?, eran preguntas sin respuesta que se repetían continuamente en mi cabeza.

Yo pasé mucho tiempo reclamándole a mi madre por qué me dejó cuando más la necesitaba, ¿qué pasó? Jamás lo supe y no me quedó otra alternativa que resignarme, aceptar que esa fue la realidad que me tocó, asumirme como una niña huérfana y seguir adelante, porque se supera eso en la vida; porque ahora, pasados mis cincuenta años, volteo a ver el pasado y entiendo que cada circunstancia por la que pasé tuvo su justo valor para traerme hasta donde estoy hoy, para alcanzar la realidad diferente tras la cual partí sin garantía siendo aún tan pequeña.

Sucedía también algo muy particular en esas noches de insomnio, en mis largas veladas nocturnas sin poder dormir por las pesadillas constantes que me arremetían; a veces daban las doce, una de la mañana, y yo me mantenía en vela por esos sueños recurrentes que me estrujaban el alma aunque, extrañamente, nunca me sentí sola. Había algo dentro de mí, no sé si era mi imaginación, pero yo percibía claramente la presencia de alguien a mi lado; una sensación que, de algún modo, me brindaba seguridad pero, en su mayoría, me daba también mucho miedo. Por momentos pensé que se trataba de mamá, regalándome un poco de su anhelada energía para consolar mi tristeza; sin embargo, al verlo en retrospectiva, a la luz de las experiencias que he vivido, llegué a la conclusión de que era Dios acompañándome, siempre cuidándome. Fue Él, sin duda, el que siempre estuvo ahí.

Con esa fuerza divina me alzaba cada nueva jornada y con el dinero que recibía tomé la costumbre de viajar cada mes a mi pueblo a llevar a mis hermanos las cositas que necesitaran.

El retomar ese contacto con mi familia me trajo, además, algo de consuelo y me infundió ánimos para no desmayar en mi búsqueda de un futuro mejor.

Apenas recibía mi salario, corría al mercadito donde vendían víveres y compraba lo que yo siempre vi que hacía falta en mi hogar, eso de lo que carecí cuando era más niña; me cargaba una maleta, metía todo eso ahí y cada vez que tenía mi día libre, que solía ser sábado o domingo, me iba muy temprano, a eso de las seis de la mañana, a tomar los buses que completaban el viaje de la ciudad a mi pueblo en cuestión de una hora. No era lejos y yo iba todo el recorrido sintiéndome muy feliz porque sentía en mi alma, en mi corazón, que ya podía colaborar en casa y una parte del dinerito se lo dejaba a mi hermana mayor para que se ayudara en lo que pudiera, apartando solo lo que yo ocupaba para mis cositas básicas; siempre muy agradecida, siempre recompensando lo que ella me dio pues, a pesar de sus golpes y sus gritos, pese a su maltrato constante, ella no tenía una real obligación de criarme, de cuidarme, de asumir ese rol de mamá y hacerse cargo de siete hermanos. Ella pudo habernos regalado, pudo habernos abandonado, pero con el tiempo y la distancia yo aprendí a valorar la valentía que demostró al echarse semejante responsabilidad al hombro y nunca dejaré de admirarla y respetarla por ello.

Todo avanzaba bastante bien y los pocos sábados que no me iba a mi pueblito aprovechaba para pasear por los parques, volver a disfrutar de ese contacto con la naturaleza que tanto bienestar le traía a mi vida; me metía a la iglesia y, entre un lugar y otro, me fui encontrando con otras chicas que trabajaban de la misma forma que yo, desempeñándose como empleadas domésticas, y me decían: "Fíjate que tú, con lo que haces, podrías ganar un poquito más" y esa idea se me fue metiendo en la cabeza hasta que, cumplido un año de mi servicio en esa casa donde me cobijaron y me enseñaron cómo hacer bien mi trabajo, me acerqué con todo respeto a la señora y le anuncié como una vez hice con mi hermana: "Me voy a ir".

Renuncié, sin dar mayores explicaciones, pero sí agradeciendo eternamente la oportunidad que me dieron cuando más lo necesitaba; tomé todo lo bueno de esa experiencia pero seguía escuchando esa vocecita dentro de mí que me decía: "esto no es todo, viene algo más". Me acerqué nuevamente a mis amigas en los parques y ahora sí les pregunté: ¿Cómo hago para ganar más dinero con el trabajo que yo hago? Y ellas me fueron recomendando con otras patronas que ocupaban de mis servicios cuidando niños pero que, efectivamente, pagaban un poco mejor.

De esa manera yo fui escalando, pues pasé de una casa a otra donde me ofrecieron mayores beneficios, no me quedé estancada años en el mismo sitio; nunca fui conformista con lo que había logrado o ganaba. Fue como un despertar que fue llegando a mi vida, fui escalando hasta que alcancé una edad en la que me volví más consciente de lo que yo sabía hacer y de lo que podía aprender. Fui una chica que siempre quiso aprender algo nuevo.

En el fondo, yo sabía internamente que eso era lo que me hacía diferente a mis hermanos, que tal vez ellos no tenían esa visión, esa energía para salir adelante a que a mí se me había concedido.

A lo largo de los años, me di cuenta de que eso era lo que mi hermana mayor miraba en mí, eso que ella identificaba y definía como que yo era distinta, "rara" era lo que me decía, que me oía hablar y mi lenguaje no era el de ellos, que me miraba hacer cosas "raras". Y sí, efectivamente, mis pensamientos eran diferentes, mi sentir era diferente, hacía cosas diferentes y mi vida resultó diferente. ¿De qué manera esos pensamientos llegaron? No lo sé, pero llegaron, y eso fue lo que me hizo superarme, siempre ávida de aprender cosas nuevas, hasta que llegué a una compañía de belleza donde se trabajaba con la distribución de perfumes, cremas, maquillajes, y mi vida cambió para siempre, de manera definitiva. Contaba yo diecisiete años y hasta entonces solo había trabajado como servicio doméstico.

Tengo la particularidad de que, cuando llego a un lugar nuevo, me gusta observar con detenimiento lo que sucede a mi alrededor, mirar cómo se mueve todo mientras yo me detengo unos minutos a contemplar y evaluar dónde estoy y qué puedo aprender de ese sitio que se presenta ante mis ojos.

En esos escasos fines de semana que no viajaba y me quedaba en la ciudad, además de los parques y las iglesias, también me gustaba visitar los grandes centros comerciales, repletos de gente y oportunidades, y al cruzar sus puertas siempre miraba señoritas contemporáneas conmigo en cada espacio, promocionando diferentes marcas, "impulsadoras" las llamaban, pues impulsaban los productos que les correspondían para el consumo de las personas que iban pasando. A mí eso me llamó tanto la atención, despertó tanto mi curiosidad, que no dudé en abordarlas para preguntarles: "De qué forma yo puedo hacer ese trabajo que tú haces?".

Se acercaba la temporada de Navidad, por lo que tuve la suerte de que una de esas jovencitas me comentara: "Donde yo estoy ocupan una señorita que pueda venir a apoyarnos durante el mes de diciembre, pues suben demasiado las ventas y nosotras no podemos atender a todos los clientes; si quieres intentar, a lo mejor te seleccionan, porque hacen un llamado a muchas señoritas, pero no todas se quedan... ¿quieres ir? Hay una entrevista el lunes...". Ni siquiera me lo pensé, yo me sentía lista para eso y más: "Sí voy" le aseguré, "solo dime cómo llegar y allá me presento", pero la muchacha, muy amable y solidaria, me ofreció nuevamente su ayuda: "Vente para acá y de aquí nos vamos, yo te llevo a la empresa para que tengas más oportunidad".

Así lo hice, fui a esa compañía e hice una entrevista, todo por esa facilidad de entablar conversación y hacer amigos. Desde niña fui así, de a ratos calladita pero cuando me acercaba a una persona y esa persona me daba la confianza de hablar, yo hablaba ¡y era muy preguntona!, siempre preguntaba, sobre todo lo que me interesaba.

Cuando llegué a esa entrevista, vi muchas señoritas, todas cerca de mi edad, y la persona encargada me dio un número, acompañado de una lista de requisitos que esa compañía necesitaba que las aspirantes tuvieran, una serie de requerimientos de lo que se ocupaba para poder ingresar a trabajar con ellos: "Cuando tengas todo eso, vienes a una segunda entrevista", me dijo, "la primera fue con la secretaria; luego, cuando reúnas toda la documentación que allí se te pide para poder entrar, vas directamente con el gerente, él es el quién decide si te quedas o no".

Empecé a leer esa lista y tuve que disimular mi desconcierto, pues solicitaban certificaciones que yo no tenía e ingresar sin esos documentos para cualquier persona habría resultado imposible. "Para mí no", pensé para mis adentros, ya que hace tiempo había dejado de creer en imposibles y procedí a revisar con cabeza fría todo lo que me pedían: sí, requerían un título de profesión y algunas recomendaciones personales de personas que te conocieran ya de años; las cartas las consideré pan comido, pero el título de profesión... ¿de dónde sacaría yo eso si no lo tenía? ¡Eso no lo podía obtener! Procuré no entrar en pánico y seguí descartando cada enunciado de la lista: "Esto lo consigo, esto otro también... pero el título, un título que dijera que yo estudié en tal colegio o tal universidad, ¿cómo me procuraba yo ese reconocimiento de un día para el otro?". Intenté serenarme y acudí a la iglesia, un lugar que había descubierto que me brindaba mucha paz y respuestas aún en los peores momentos.

Desde los catorce años, en mis espacios de soledad, comencé a asistir a una iglesia donde me hablaban de un Dios que todo lo puede lograr, que lo que para el hombre es imposible para Él todo es posible. Yo ya tenía conocimiento de ese Dios y cuando vi que se me presentaba esta traba insalvable para ingresar a esa compañía, comencé a desahogarme con ese Dios del que yo había oído pero al que nunca le había pedido nada; me atreví a rogarle por algo que para el ser humano es imposible y, como si conversara con un amigo de toda la vida, le comenté: "Yo no tengo título, pero yo quiero estar ahí, ¿sí me ayudas? ¿Sí me apoyas? Yo no sé cómo pero seguro que Tú sí. Yo debo entrar ahí, ¡yo quiero! Yo me veo en ese lugar".

Y a partir de ahí comienza una relación con ese Dios invisible que te dicen que existe, pero que no lo ves, que lo puedes sentir en tu corazón aún cuando tus ojos terrenales duden.

Le hice una petición literal y puse toda mi confianza en sus manos, ¿y qué crees? Sí hubo una respuesta, una resolución milagrosa por la que siempre le estaré agradecida a ese Padre generador de amor infinito.

Muerta de miedo pero decidida a lograr mi objetivo, me presenté a la segunda entrevista con un folder donde metí todo lo que pude reunir más el listado de requerimientos que me habían facilitado en mi primera evaluación; lo tenía todo, menos el título, por supuesto.

Me preparé lo mejor que pude, consciente de que esa compañía a la que yo quería ingresar se trataba de una compañía de belleza; me arreglé lo más que estaba a mi alcance y me presenté ante la secretaria con una seguridad y un aplomo que contradecían el temor tan grande que guardaba a ser rechazada: "Aquí está mi folder, traigo todo lo que pidieron", y ella me respondió sin dudarlo: "Bien, ¿estás lista? Vamos a hablarle al gerente para que puedas pasar con él".

Diecisiete años, me temblaban las piernas, pero así mismo entré a esa oficina y el hombre a cargo me contempló con una gran sonrisa: "¡Excelente!, ¡qué hermosa!". No me conocía, pero se dejó llevar por las apariencias, me valoró sin haber abierto mi solicitud con los documentos incompletos y me pidió muy animado: "¿Puedes darte una vueltecita?".

Yo fui cobrando confianza y me di mi vueltecita, no me sentí amenazada ante la seriedad de la empresa a la que estaba aplicando y, a continuación, me dijo: "Siéntate, quiero ver tu folder. ¿Traes todo lo que la secretaria te indicó? ¿Los requisitos de esta compañía para que tú puedas trabajar con nosotros?". Sentí que el corazón se me iba a salir por la boca, pero le respondí que sí, confiando en mi mente y en mi alma que ese Dios invisible estaba ahí conmigo, perdonando mi pequeña omisión para concederme aquello que con tanto esfuerzo estaba poniendo en sus manos.

El gerente abrió el folder ante mis ojos; sin embargo, para mi gran sorpresa, no leyó hoja por hoja; solo revisó mi partida de nacimiento, contó las diez cartas de recomendación que venían abajo, pues tantas así te pedían, ¡y listo! "Estás contratada, lleva este folder a la secretaria y dile que lo archive. ¿Estás lista para empezar mañana?". No lo podía creer, ¡lo había logrado por intercesión divina! Confirmé mi disponibilidad con una sonrisa que no me cabía en la cara y, acto seguido, me entregaron mi contrato: "Firma acá:

María Florentina Atz, estás contratada, eres una señorita que va a trabajar en nuestra compañía".

Luego me explicaron que sería personal de ventas y que recibiría una ganancia adicional por comisión y por bonos si en la revisión de fin de mes resultaba la señorita que más producto colocara entre los clientes. "¿Dónde se va a ver tu trabajo cuando llegues a la tienda? En tus ventas se va a evaluar si se superan, se bajan o se mantienen; con base en esas ventas, tu podrás cobrar incentivos y generar ingresos extras aparte de tu sueldo".

Fui finalmente con la secretaria y le entregué, aún nerviosa, mi documentación como me había ordenado el gerente; ella simplemente la tomó y, sin desconfiar, me informó muy diligente: "Este folder se va a archivar hasta el día en que tú no quieras trabajar más acá o seas despedida, solo hasta entonces se te devolverá y entregará todo el contenido que nos confiaste". Y así ingresé a esa empresa que parecía una utopía y permanecí en ella por muchos años.

Toda esa experiencia me hizo ver la capacidad de fe que yo era capaz de tener, confiando a ese nivel en que todo es posible cuando se quiere de verdad, cuando se abre esa gran posibilidad que nadie más va a abrir por ti y la tomas con todas tus fuerzas para que no se te escape. Eres tú quien tiene que abrir esas grandes puertas y el querer, el creer que sí se pueden alcanzar "imposibles" de la mano de ese Dios invisible en el que yo creí y que me demostró que hace posible los deseos de tu corazón, será lo que te lleve a triunfar en cada meta que te propongas en la vida, por enorme que parezca.

Fue una importante evolución en mi historia el pasar de ser empleada doméstica a trabajar en una empresa especializada en ventas, donde se me remuneraba por mi desempeño, porque en la casa de familia me establecían un salario y de ahí no se movían, sin importar cuán duro me esforzara o el tiempo que dedicara a mi labor.

En este nuevo escalafón que conquisté, las ganancias eran mayores y yo también experimenté un cambio radical en mi estilo de vida, pasando de la sencillez del modesto oficio que realizaba desde niña a andar bien bonita todo el día, bien arreglada y en un ambiente completamente distinto. Giro de ciento ochenta grados desde tan jovencita. Todo tan distinto a la realidad en la que yo fui educada, a lo que querían meter a la fuerza en mi mente y que yo rechacé tan firmemente.

Aún recuerdo las bofetadas que mi hermana me daba en la cara cuando yo le decía: "Yo no voy a morir así, este no es mi destino, hay algo diferente para mí"; me abofeteaba mientras me condenaba: "¿Tú te crees eso? ¿Dónde lo escuchas? ¿Dónde lo ves? Nosotros somos pobres y así moriremos, tú serás la esposa de un hombre al que le servirás día y noche, con ganas o sin ganas, porque nosotras nacimos para eso. Le vas a servir porque tú no estudiaste, serás una ama de casa y estarás dispuesta a parir hijos, todos los hijos que tu marido quiera, porque él te va a mantener a ti y regirá sobre tu vida. ¿Y me vienes a decir a mí que tú no eres para eso?".

Y eran golpes y más golpes cada vez que yo le expresaba lo que sentía adentro, bofetadas porque, para ella, yo tenía que conformarme con que ese sería mi futuro y le indignaba que yo pensara distinto o creyera posible romper con ese patrón que por generaciones y generaciones había recaído sobre todas las mujeres de nuestra familia.

Otra razón por la que tenía enfrentamientos con ella, era mi determinación de que no llegaría a adulta en ese entorno en el que nacimos. También es cierto que siempre fui muy voluntariosa y aguerrida, porque me le plantaba a confrontarla diciendo: "Pégame, hazme lo que tú quieras, pero un día voy a volar muy lejos y no me verás más", y mi hermana reaccionaba aún más enojada, pues la sacaba de sus casillas: "¡Estás loca!". Sin embargo, pese a su negación y maltratos, eso se cumplió, porque ya tengo veintisiete años de estar en Estados Unidos y desde entonces no me ve.

Lo que yo anunciaba se llevó a cabo, mis palabras funcionaron como decretos que se han ido materializando en el tiempo y yo veo hacia atrás en este momento y aún me sorprendo por cómo resultó todo. Ella sí que estaba resignada a esa vida, es lo que defendía entonces y lo que sigue viviendo ahora. Con tanta rabia me sentenciaba: "¡Aquí morirás! En la pobreza, en este pueblo. Tu marido está aquí en este pueblo y aquí parirás muchos hijos", que yo no lograba aguantarme y le rezongaba: "¡No! Yo no voy a tener ocho hijos como mamá, ¡no para vivir en esta miseria!", pero no había manera de sacarla de esa negación en su alma, por lo que continuaba diciéndome: "Loca, pendeja, tonta, ¡estúpida! ¡Terminaremos y viviremos como es lo que nos toca vivir!". Para ella sí se cumplió ese destino, para mí no.

De todos mis hermanos, aún hoy sigo siendo la que transita el mundo de un modo diferente, yo funciono diferente, la enseñanza que le he dado a mis hijos es otra, no se parece en nada a la educación que ellos tienen y transmiten a los suyos. Tristemente, mi hermana mayor, esa heroína capaz de encargarse de siete hermanos sin ayuda de nadie, no logró alzarse sobre sus propias limitaciones y se condenó a sí misma, pese a tanto potencial y valentía para enfrentar la vida. Lo que me vaticinaba, es lo que ella vive hasta el sol de hoy, y así también mi otra hermana, quizás no en la misma medida, pero también apegada a aquella enseñanza de la que nunca lograron zafarse. Siguen ambas en Guatemala.

MARÍA FLORENTINA ATZ

CAPÍTULO **3**

Conociendo el Amor

"Maridos, amad a vuestras mujeres, así como Cristo amó a la iglesia, y se entregó a sí mismo por ella."

EFESIOS 5:25

A la edad de catorce años, entre mis viajes de la ciudad a mi pueblito a llevar víveres o lo que necesitara mi familia, me llamó la atención un chico del pueblo con un nivel económico bastante acomodado; formaba parte de una familia muy conocida en el lugar por su apellido, pero a mí eso no me importó, me enamoré perdida y platónicamente de él, un amor propio de la edad y que mi hermana mayor, cuando se dio cuenta, me echó en cara como lo hacía con todo lo que no cuadrara con sus conceptos preconcebidos: "¿Ese chico te gusta? No, mija, tú sueñas muy grande. ¡Tú sueñas cosas imposibles! Tú eres tonta, tú eres en verdad ridícula, ¡soñando cosas inalcanzables! ¿Tú crees que ese muchacho se va a fijar en ti? ¿Pobres como somos nosotras? ¿Tú piensas que te va a voltear a ver?". Pero yo me mantenía firme, sin dejarme arrebatar mi ilusión por sus complejos, y con la misma fuerza me defendía: "No lo sé, pero ese me gusta. Punto. ¡En algún momento será!".

Se trataba de un chico de mi misma edad, lindo, ese principito azul con el que todas las jovencitas se enganchan en alguna etapa de su vida. Él estaba estudiando y viajaba también a la ciudad, pues allí estaba su escuela. Yo empecé a verlo y a soñar con él aunque nunca nos habíamos cruzado; hasta que un día, tomando el autobús para ir de visita a casa como siempre hacía, coincidí con este muchacho ¡y además se sentó a mi lado! Uno de esos momentos afortunados que mi hermana definía como "imposibles", de esos golpes de suerte que tú te preguntas: ¿Esto es real o es un sueño? Se sentó conmigo y empezamos a platicar, a hacer conversación, y luego se bajó, se fue sin nada más que una despedida pero, con el transcurrir de los meses, demostró que en ese instante que coincidimos yo capté su atención, pues comenzó a seguirme, a averiguar dónde vivía, hasta que se atrevió a acercarse ante la puerta de mi casa.

Por mi parte, yo siempre salía en las tardes, guardando la esperanza de, quizás, verlo pasar o pasearse por mis lados; fue entonces cuando, como una causalidad provocada por ambos, finalmente se nos dio ese segundo encuentro.

Allá en mi tierra natal se celebra la Semana Santa de una manera muy bonita, como suele suceder en todo pueblo pequeño, representando la Pasión de Cristo y demás liturgias con un profundo sentido de fe. Yo, junto con mi familia, asistía a una iglesia cristiana y participábamos de todas esas tradiciones, por lo que era común por esas fechas salir de paseo y colaborar con toda la logística de las fechas.

Entonces, me topo con este chico en la puerta de mi casa y, cuando me ve, me reconoce, se acerca saludando y me pregunta: "¿Te acuerdas de mí?". ¡Yo claro que me acordaba!, así que lo saludé de vuelta y él tomó la iniciativa nuevamente: "Fíjate que allá en la plaza están haciendo alfombra, preparando todo para la liturgia del Via Crucis y demás... ¿quieres caminar?". Yo, sin perder un minuto, entré a pedirle permiso a mi hermana: "Quiero ir a caminar, ¿sí me dejas?"; sin decirle, obviamente, que el chico me esperaba afuera y así evitarme una respuesta negativa de su parte.

Conseguí que me dieran permiso y entonces me fui con él, una tarde preciosa en la que hablamos hasta el cansancio y quedamos aún más cautivados el uno por el otro, estableciendo una conexión tan bonita... ¡Siete años estuvimos juntos después de eso! Una relación de las que yo no sé si aún existen en estos tiempos, un noviazgo hermoso, ¡tan puro y tan limpio! Nunca establecimos contacto más allá de lo espiritual, cero manoseadera o pensamientos lascivos; eso a la gente le sorprendía, no se creían que nunca hubiésemos tenido acercamiento sexual si nos queríamos tanto, que no nos ganara el deseo estando tan enamorados.

Aunque les extrañara tanto, así fue. No hacíamos otra cosa que platicar sobre el futuro, imaginarnos una vida juntos, salir de la mano a comernos un helado, caminar, regalarnos ocasionales besos o abrazos colmados de una dulzura indescriptible. Era el hombre con el que yo visualizaba mis hijos, con el que yo quería hacer mi vida, llegar a viejitos uno al lado del otro, con el que yo decía: "Voy a amanecer cada mañana ahí, junto a él, acompañándolo y atendiéndolo con todo amor", era con él que yo soñaba.

Y con el tiempo llegaron los planes de matrimonio, su familia me conocía y a él en mi casa lo trataban de las mil maravillas; me visitaba y no se iba hasta las doce, una de la madrugada platicando conmigo o a veces con mi papá, quien lo adoraba y ya lo había aceptado como a un hijo más.

Nos teníamos una confianza plena, ¡tan grande!, nos preocupábamos y cuidábamos mutuamente; él me decía: "¡Qué lástima que no tuviste la oportunidad de estudiar!", pero a mí no me molestaba, me llenaba de gozo saber que él sí y lo motivaba lo más que podía para que siguiera adelante: "Tú hazlo, tú gradúate, tú esfuérzate, no te detengas por mí". Me sentía dichosa con la idea de que él sí iba a ser un hombre profesional, un esposo profesional y que mis hijos tendrían un papá profesional, sin importar que yo no lo fuera.

En fin que todo muy lindo pero, como nada puede ser perfecto y mi historia no fue la excepción, se vivió una infidelidad en el noviazgo y todas mis ilusiones se derrumbaron.

Una chica un poco mayor que él y que ya había tenido la experiencia de una unión con marido pero que no le funcionó porque el hombre le pegaba mucho, se inmiscuyó en nuestra relación y logró destruir en muy poco tiempo lo que a nosotros nos tomó años construir. Resulta que, cuando salíamos a caminar juntos por el pueblo, solíamos pasar por una calle comercial donde te conseguías desde ventas de todo tipo hasta lugares donde sentarte a comer o compartir un helado como tanto nos gustaba; por ahí se cruzaba frecuentemente esta chica y más de una vez nos la encontramos. La saludábamos, yo como si nada, pero sí me daba cuenta de que ella miraba mucho a mi novio; sin embargo, me sentía tan segura, su amor me brindaba tanta confianza, que para mis adentros yo estaba convencida: "Él no tiene ojos para nadie más que para mí, yo soy la princesa de su vida y él es el príncipe de la mía y nadie podrá destruir esta relación tan bonita, tan fuerte. Nadie nunca se podrá interponer entre nosotros". Cuán equivocada estaba.

Pasado un fin de semana el en cual no viajé a mi pueblo, llegué a mi casa y le pregunté a mi hermana como usualmente acostumbraba: ¿vino mi novio? ¿estuvo acá? Pues, aunque yo no apareciera, se tratase de sábado o domingo, ya que a veces alternaba los días en los que podía visitar a mi familia y encontrarnos, él siempre pasaba por allí y se estaba un rato, ahí comía y compartía con ellos pero, extrañamente, en esa ocasión no me fue a buscar y así me lo hicieron saber: "No, no vino para nada. Tú no viniste, él no vino" y me pareció tan raro que ni siquiera se hubiese acercado a preguntar por mí, porque teléfonos no había para comunicarnos, solo podíamos enviarnos cartas en esa época, pero lo dejé pasar; luego comencé a notar ciertos cambios en él a los que no quise dar importancia tampoco; luego esos cambios se fueron convirtiendo en indiferencias y así estuvimos más de un año en el que yo continuamente lo confrontaba: ¿Está pasando algo?, y él me evadía, seguían los planes de matrimonio, hasta que un día se aparece la mujer en la puerta de mi casa y me lanza un ultimátum que nunca vi venir: "Deja de molestar a mi novio-marido porque yo estoy embarazada y ese hijo es de él".

Fue algo tan ancho, tan feo para mí, una impresión tan fuerte; créeme que me quise quitar la vida ante semejante decepción. Sentí que el mundo se me venía encima, no lo podía creer, llegaron tantos pensamientos suicidas a mi mente... los cuales se incrementaron porque, después de ese incidente, él se desapareció por varios días sin dejar rastro. Lo consideré un cobarde y yo me sentí una estúpida, ¿cómo no pude darme cuenta? ¿cómo tomaban todas mis ilusiones, las destruían y las echaban a la basura entre los dos?

Finalmente, cuando se calmaron un poco las aguas, volvió el hombre con los arrepentimientos, llorando, pidiendo perdón y defendiendo que no sabía cómo había pasado todo, que se vio envuelto en una seducción de la cual perdió el control, por haber aceptado una invitación de la joven donde hubo tragos de por medio, ya que a ella le gustaba tomar, pero él nunca lo había hecho, eso me consta; el caso fue que se embriagó, y pasó lo que pasó. Insistía en que apenas lo recordaba y que fue esa la única vez que estuvo cerca de ella, con el más inesperado desenlace para nuestro idilio.

Doy fe de que se trataba de un buen chico, estudiante, de su casa, muy respetuoso con sus padres, con el mío, con mi familia, conmigo… y esa es la imagen de él que se quedó en mi mente, la versión de la historia que hasta el día de hoy decidí creer.

Para el momento en que esta situación tuvo lugar entre él y yo, mi padre ya había fallecido, víctima de una terrible enfermedad que lo mantuvo postrado en cama hasta llegado el momento en que el Señor lo convocó a reencontrarse con nuestra madre en el Cielo. Estando en su lecho de muerte, papá llama a este chico a su recámara e hizo con él algún tipo de pacto, del cual yo nunca supe, pues quise acompañarlos y mi padre me hizo salir de su habitación porque quería hablar a solas con él; intenté oírlos, pero fue en vano, y mi novio guardó la confidencialidad durante mucho tiempo.Lo cierto es que algo se acordó entre ellos, algún encargo le hizo mi padre y, a la semana de ese encuentro, expiró.

Mucho después y cuando se consumó esta infidelidad, entre su hablar y hablar para intentar convencerme y continuar juntos, salió a relucir esa conversación que tuvieron y finalmente me reveló: "Es que tú y yo tenemos que casarnos, tú me tienes que perdonar, porque yo le hice una promesa a tu papá y no puedo romper esa promesa" y luego agregó: "Yo no voy a abandonar a ese niño, yo voy a responder por ese bebé, pero yo no puedo quedarme allí, yo quiero mi familia contigo, la mujer que yo deseo como mi esposa eres tú".

No hubiese esperado menos de él, comprendí su sentimiento y aplaudí su compromiso, pero algo pasó en mi corazón que ya no pude recibirlo de vuelta, no pude aceptar nuestro futuro como él ahora me lo estaba planteando. A esa edad que yo tenía, lo único que me venía a la mente era: "Si ahorita en un noviazgo me fue infiel, ¿qué puedo esperar yo cuando sea esposa?". Y se lo decía a él, intenté que se pusiera en mi lugar, pero él no lo entendía, no se resignaba; en su desesperación de recuperar lo perdido, me juraba con lágrimas en los ojos: "¡Es que esto no va a volver a pasar! Aún no concibo cómo fue que pasó, ¡pero no se va a repetir!". Pero ya no podía creerle, algo se cerró en mi corazón y nunca más se abrió para recibir al suyo.

Por bastante tiempo me estuvo insistiendo y su pacto con mi padre fue transformándose en una suerte de manipulación para comprometerme a casarme con él bajo cualquier circunstancia, a forzarme a ser su esposa, pero yo no lo acepté más y ahí se rompió definitivamente nuestro compromiso. Sufrí tanto que hasta me enfermé, caí en una depresión profunda y volvía con recurrencia la idea de quitarme la vida; no obstante, logré superar ese proceso, ese shock tan grande, desarraigándome por un largo período de mi pueblito, fueron muchos meses los que decidí no viajar en ese proceso de desapegarme, sanar esa situación y concentrarme en mí misma para salir adelante.

Él continuó esperándome cada fin de semana, acercándose a mi familia para preguntar por mí y, cuando al fin me decidí a volver, por supuesto que se apareció pidiéndome perdón una vez más y diciendo que el matrimonio seguía en pie si aún lo quería, pero no había nada que salvar ahí, no quedaba nada en mi corazón para él. Fui firme y determinada con mi decisión y no le quedó más que soltarme y dejarme ir, resignarse a que lo que pudo ser ya no tenía cabida en nuestras vidas y asumir su nuevo destino, así como yo asumí el mío a pesar de las heridas y la desilusión tan grande que me acompañó a partir de entonces.

Allí terminó esa historia de amor tan bonita que yo tuve y surgió el impulso para darle un vuelco completo a mi camino. No sabría decir si fue por el despecho o por mi urgente necesidad de cambio, pero surgió la posibilidad de emigrar de Guatemala junto a uno de mis hermanos y no me la pensé, no tenía ya nada que me atara a ese pasado y con mi decepción amorosa al hombro me lancé a la aventura de descubrir un mundo nuevo, donde reiniciar y empezar de cero, y vaya si así lo hice.

CAPÍTULO

4

En Busca de un Futuro

"Solamente esfuérzate y sé muy valiente, para cuidar de hacer conforme a toda la ley que mi siervo Moisés te mandó; no te apartes de ella ni a diestra ni a siniestra, para que seas prosperado en todas las cosas que emprendas."

JOSUÉ 1:7

Tenía yo veinticuatro años cuando mi hermano mayor, quien ya vivía en Estados Unidos, me empezó a despertar el sueño de venir a este país y me ofreció la oportunidad de viajar a acompañarlo. Tardé un poco en organizarlo todo para emprender la aventura, pero ya a mis veinticinco estaba pisando suelo americano; asustada, sin traer nada y con los traumas propios de cruzar la montaña, toda esa experiencia que se vive al insertarse como inmigrante en esta gran nación a la que tantos aspiramos como destino para iniciar una nueva vida.

Después de mí llegó otro de mis hermanos y, desde entonces, aquí estamos los tres, mientras que los otros tres se quedaron en Guatemala. Para entonces, ya dos de mis ocho hermanos originales no vivían, la bebé que no sobrevivió tras la inadecuada alimentación recibida tras la muerte de nuestra madre y otro que murió a los diecisiete años, también muy joven, porque cayó en el vicio del alcohol y tuvo un accidente.

Llegué a este país y me tocó empezar de cero, como ya había previsto, así que, sin perder tiempo, empecé a evaluar qué actividad económica podía emprender para mantenerme y dónde podía ganar dinero con los pocos recursos que tenía.

Comencé limpiando casas, que era algo que yo sabía hacer muy bien, siempre apuntando al trabajo independiente y hasta el día de hoy ha sido así, nunca me gustó la idea de trabajar para alguien más. Aun cuando fui impulsadora para la compañía de belleza, mi labor también dependía de mi desempeño individual, independiente; si no vendía, no cobraba, y eso siempre me gustó, tener el control de lo que hago y de lo que gano, desde muchachita, no depender de nadie.

Luego de eso, decidí participar de unas loncheras, que son carros ambulantes que andan a domicilio, en las diferentes calles o cerca de las construcciones donde los trabajadores no tienen ni el tiempo ni los negocios cerca para consumir a la hora de la comida, ofreciendo productos alimenticios como almuerzos, meriendas, snacks y bebidas frías, según las necesidades de los consumidores. También conocidas como *Food Trucks*, son bastante populares entre los latinos y también norteamericanos, y yo vi la posibilidad de salir adelante y crecer con eso: "Aquí puedo aprender a cocinar y hacer luego de esto un negocio", fue mi objetivo principal y en eso me enfoqué hasta que se cruzó en mi camino un hombre, en el cual vi una oportunidad aún mejor para darle estabilidad a mi vida en esa etapa tan incierta.

No fue enamoramiento, yo no me enamoré, pero sí vi en ese chico trabajador y honesto la posibilidad de cobijarme con una renta, con comida, con ropa, con todo lo que en ese momento no tenía y que tanto necesitaba. Sí, fue una unión por conveniencia, lo admito, vi en él a alguien que podía responder por mí. Yo no vi amor, tampoco lo buscaba luego de aquella ilusión rota con la que tuve que lidiar tan duro para seguir adelante; yo solo vi la seguridad de tener una casa, un lugar donde llegar y construir algo estable con esa persona, aunque no hubiera un sentimiento verdadero que nos uniera, al menos de mi parte. Él decía que sí, que me amaba, que desde que me vio le gusté, desde los tiempos de nuestro pueblo porque, por gran coincidencia, era un muchacho que provenía del mismo lugar que yo; mucho antes habíamos tenido encuentros de negocios ¡y me caía tan gordo!, pues teníamos cierta competencia en lo que hacíamos, pero nunca más lo vi, yo lo dejé como un niño ¡y ahora me lo encontraba como un adulto! Desconocí todo lo que sabía previamente de él ante la casualidad de reencontrarnos en un espacio tan lejano.

Fue mi hermano quien nos puso inicialmente en contacto cuando me sugirió: "Yo tengo un amigo del pueblo que está con las loncheras, vete con él y ahí vas a aprender a cocinar, a convertirte en una mujer de negocios", pero nunca imaginó que esa relación laboral evolucionaría en algo más profundo entre nosotros.

Llegué yo a esas loncheras y este hombre me empezó a observar, a verme con otros ojos y yo identifiqué su interés en mí como una salida, un escape de la situación incómoda por la que estaba pasando. Ya él tenía su apartamentito, aunque rentado, ya ganaba dinero, así que pensé: "Con él no voy a aguantar hambre, tendré estabilidad, no es vicioso, bien trabajador, este es".

Salimos cerca de un mes y ya nos estábamos juntando a convivir como pareja. Yo lo escogí, porque la relación con mi hermano mayor no era buena y me urgía encontrar una salida; apenas pasamos una temporada con él mi otro hermano y yo al llegar de Guatemala y ya nos andaba presionando para trabajar en lo que se acostumbra aquí en Estados Unidos: esclavizarte a un empleador que te explote y sin posibilidad de surgir hasta después de muchos años.

En mi desesperación por no encontrar la oportunidad correcta, me fui desbocando en mis decisiones, porque yo venía con un plan muy claro en mente: "Viajo a Estados Unidos por cinco años, trabajo duro, guardo los dólares, me compro un carro, un buen dinero, construyo mi casa y hago un negocio".

Así, bien estructurado y apuntando al negocio como meta, ya yo traía esa mentalidad desde pequeña, y emigré a este país no pensando en una familia, menos juntarme con un hombre sin amor, pero la situación me fue llevando y yo lo escogí, eso sí, asegurándome, como ya dije, de que yo fuera ningún vago sino un compañero de vida trabajador y sin vicios. Antes que él, se aparecieron otros viejecillos que me ofrecieron: "Mira, yo tengo casa, tengo carro, tú me gustas, yo soy divorciado, vente conmigo", pero no, yo con divorciados definitivamente no. Si me iba a comprometer con alguien, quería un hombre que no tuviese familia. Escogí con mucha claridad lo que me convenía, con veinticinco años, entre tanta ignorancia, ¿de dónde venían esos pensamientos? No lo sé, pero, una vez más, sentía en mi corazón que merecía más.

Lo lamentable fue que escogí mal, creí estar acertando y me uní a la persona equivocada.

Los primeros seis meses de convivencia fueron algo muy bonito pero, a partir de entonces, comencé a ver la realidad que me esperaba con ese hombre: borracho, jugador de baraja; de naipes, como le llaman allá en las loncheras; llegándome pasadas las doce de la noche casi todos los días.

Recién unida a él, mi hermano mayor, que era su amigo y sabía de sus andadas mejor que yo, me advirtió: "Flor", que así me llamaban mis familiares desde niña, diminutivo de mi segundo nombre, "este hombre tiene vicio, este ha sido mi amigo por tres años, yo lo conozco", pero yo no lo quise escuchar, tomé sus palabras por algún tipo de treta para que no me fuera de su lado y siguiera el camino que él nos tenía trazado a mi otro hermano y a mí desde que llegamos, así que seguí adelante con esa relación que para mí representaba el escape que estaba buscando. Una salida sin amor, sin fundamento, la construcción de un hogar sobre unas bases inexistentes, falsas y por conveniencia, era evidente desde cualquier punto de vista que dicha iniciativa no iba a concluir en un final feliz, pero yo no fui capaz de verlo, no en ese momento.

En fin que iniciamos nuestra vida juntos y pasé cerca de tres años sin poder concebir un bebé y hasta el día de hoy me pregunto: Tres años sin quedar embarazada, sin tener familia con esa persona, ¿por qué no me fui si ya podía vislumbrar el tipo de vida que me esperaba? ¿Por qué me quedé? Pero también he aprendido a aceptar que cada situación en nuestra existencia sucede por algo y si permanecí en ese sitio fue por alguna predestinación, algún aprendizaje que necesitaba mi espíritu.

Me quedo allí, viendo que tomaba, era jugador, ganaba muy buen dinero pero yo no tenía acceso a ese dinero, ese dinero lo manejaba él y nunca, desde un principio, tuve participación en nuestras finanzas como pareja; tampoco me sentía como la dueña de casa, más bien me transmitía con su actitud que yo estaba allí para servirle, que él era el del negocio, el que manejaba la plata y yo debía limitarme a atender el hogar y nada más, dependiendo de él al cien por ciento para cualquier cosa que necesitara.

Fue una época muy difícil para mí, pues yo estaba acostumbrada a mi independencia en todo sentido y ahora se me veía como un extra entre cuatro paredes, sometida a la voluntad de un hombre que tenía su vida, su libertad, mientras que a mí me confinaba: "Tú ahora eres mi esposa y aquí vas a estar encerrada, tú no puedes andar saliendo porque yo soy tu marido y tú afuera no tienes nada qué buscar, tú eres de casa y aquí te vas a quedar".

Ante esa realidad que me aplastaba, fui perdiendo las certezas y dejándome esclavizar; me fui sometiendo, como nunca antes lo hice, a esa enseñanza que ya traía de mi infancia. Las circunstancias me dejaban sin argumentos, mis malas decisiones me encarcelaban sin salida aparente y empecé a ceder, traicionando incluso mis propios valores, al punto que hasta mi subconsciente me jugaba en contra: "Sí era lo que me decía mamá, lo que me enseñaron en mi casa. Si él va a responder, él paga la renta, él paga la comida, pues yo me quedo aquí. Me vuelvo codependiente. Él me va a mantener, él es el hombre y, como bien aprendí en mi casa, esto es lo que hay que vivir, el hogar es este".

Así me consolaba en mi impotencia mientras me doblegaba cada vez más a una dinámica que no me hacía feliz, como mujer abnegada, sumisa, sin cuestionar si mi esposo llegaba a medianoche o a la una de la mañana: "Es el hombre y ese es su rol de vida, esa es su libertad, ¿y yo que tengo que reclamar? Él está trabajando y después se queda a jugar su naipe, a chupar; esta es la vida del matrimonio, esto es normal".

Y así continuaron pasando los meses y en los momentos de debilidad, cuando me entraban las ganas de escaparme, yo misma me boicoteaba las esperanzas: "Esto es mi culpa, debo asumir mi responsabilidad. Esto fue un escape, ahora me tengo que aguantar, esto me toca vivir, pues ¿para dónde le doy? Este es mi marido, ¿a mí quién me va a querer ya después de haber vivido con un marido? Aquí me quedo".

Como era de suponerse, ante tanta sumisión, las cosas fueron empeorando, pues él fue sintiéndose cada vez más poderoso y mostrándome la peor de sus facetas: primero llegaba borracho y me gritaba, ya después de gritarme empezaron los golpes y las amenazas: "Este es el hogar y tú vas a obedecerme, tú vas a hacer lo que yo diga porque aquí el del billete soy yo".

Lo peor es que, bajo esas circunstancias, me acostumbré a vivir con lo mínimo y a no pedirle jamás, ni siquiera para mis gastos; me daba miedo, no quería hacerlo y así de fácil se lo dejaba todo para seguir abusando de esa mujer que tenía tan intimidada que podía tomar ventaja sin que le exigiera absolutamente nada.

En vista de mi situación, comencé a evaluar de qué manera podía obtener lo que requería para mí misma: ropa, artículos personales, cosas para la casa; era su esposa y tenía que hallar la manera de sostenerme ya que él no me daba dinero, lo escondía, yo nunca sabía dónde estaba.

Mi resolución fue lamentable, pero en ese momento la consideré justa: cuando llegaba borracho, aprovechaba para esculcarle la cartera y sacar de allí lo que consideraba que me debía para mi propio gasto. Calmaba mi propia conciencia con la triste excusa: "De alguna forma debo cubrir mis necesidades", y así pasé muchos años, siempre viendo dónde guardaba el dinero y bajándole lo más que podía cuando se desconectaba intoxicado.

Llegó un punto en el que yo me sentía ladrona, no pude continuar justificándome ante mi misma y el remordimiento me acosaba: "Yo le robo a mi propio esposo, esto no es bueno, ¿así voy a estar toda mi vida?". Sentía vergüenza y culpa, cargaba con ello como un martirio, un peso que se iba haciendo cada vez más grande, por lo que intenté llegar a ciertos acuerdos con él y le pedí: "Dame algo, así sean cincuenta dólares a la semana, al mes, no importa, pero dame algo que provenga de tus manos, que yo pueda escuchar de tu boca: "esto es para ti" y sentir que me valoras en algo", porque yo no podía seguir así, ¿cómo?

¡Eso iba en contra de mis principios!, de mis creencias, de lo que me habían inculcado.

Hasta conocerlo había sido una mujer autosuficiente pero ahora no podía, porque debía doblegarme a su imposición de "tú no vas a trabajar, tú te quedas aquí"; y después llegaron los hijos. Después de tanto tiempo, se sembró una niña en mi vientre y coincidió con que él, de tanto enviciarse, perdió el negocio de las loncheras jugando a los naipes.

Después de todo lo que había vivido, luego de aguantar años de una relación sin amor a cambio de una "seguridad" plagada de abusos y desamor, ahora me encontraba embarazada y durmiendo dentro del carro, hasta ese punto llegamos, ya no tuvimos para la renta del departamento y nos echaron a la calle, nuestras cosas quedaron en un storage que me concedió una amiga y, para colmo de males, los vándalos saquearon ese depósito y nos dejaron solo con lo que llevábamos encima.

Tuvimos la suerte de que otra amiga mía, muy solidaria con nuestra situación, nos permitiera vivir un tiempo en su sala, pero cuando empezó a ver que mi esposo era vicioso, llegó el momento en que me dijo: "Yo no puedo tenerlos aquí porque tu marido no se pone las pilas, no busca trabajo, ¿cómo puedes vivir con semejante sujeto? Te puedo seguir alojando a ti mientras estés esperando, pero no a él, él para la calle y tú después de parir a buscar trabajo, porque no te puedo mantener así tampoco".

Pese a todo, abogué por el que había sido mi compañero de tantos años y mi amiga y su esposo hablaron con él, pero sin buenos resultados, pues no le gustó que le pusieran condiciones como que él debía irse y yo podía quedarme, exigiéndole además que se pusiera a trabajar para traerme dinero mientras estuviera con ellos, porque no me podían tener de gratis si yo tenía un marido y mi bebé un padre, así que nos volvimos a salir a vivir al carro y yo con ese gran estomagón, pues a esas alturas me quedaban de dos a un mes para dar a luz; entonces le propuse: "¿Qué tal si le hablamos a mi hermano en Los Ángeles y que nos dé un pedacito donde vivir?".

Sí nos recibió, pero nada más llegar nos puso claras sus condiciones, tal como habían hecho mis amigos, y directamente a mí me dijo: "Tú te quedas y él que vaya a buscar trabajo. No puedes estar así, ¡ya vas a parir!".

Dicho y hecho, al poco de habernos instalado con mi hermano, me empiezan los dolores y empiezo a ver que aumentan con una velocidad alarmante. Yo era primeriza y no sabía cuánto debía esperar para ir al hospital o cómo calcular, por la frecuencia de mis contracciones, el momento en que mi bebé nacería. Afortunadamente, en medio de tanta decadencia, conté con la bendición de que una hermana de la iglesia a la que asistíamos para esa época me recomendó un hospital en la ciudad de Pomona donde, según su experiencia, atendían muy bien: "Ven a tener a tu bebé aquí", me dijo, y yo le hice caso, previniendo que, llegada la hora de traer a este mundo a mi hijita, siguiéramos en la calle y sin recursos para proveerme la atención necesaria. Con su apoyo, llené el papeleo que solicitaban para el registro y ya estaba todo dispuesto.

Al ver que seguían incrementándose mis dolores ese primer día, un segundo y al tercero ya sentía una opresión tan grande, le anuncié a mi marido por pura intuición de madre: "Vamos a Pomona porque yo siento que la bebé ya viene y no quiero que nazca aquí en casa de mi hermano o en el carro, ¡llévame!".

Nos lanzamos de voladas por esa carretera y no me vas a creer, pero eso fue entrar al hospital, que me pasaran a un cuartito para monitorear la frecuencia de mis contracciones, el grado de dilatación que había alcanzado y, a los veinte minutos, por poco no alcanzan ni a colocarme la bata, ya estaba naciendo mi niña. No tuve oportunidad ni de llenar los papeles o firmarlos. Los médicos estaban sorprendidos de que hubiese logrado llegar y no recibiéramos a nuestra bebé en mitad del camino.

Pasé a sala de recuperación en ese hospital y, en silencio, no hacía más que pedir a Dios no salir rápido de ahí, pues me preguntaba: Ahora, ¿a dónde me voy? De manera muy considerada, mi amiga me había ofrecido quedarme nuevamente en su casa, pero solo yo esta vez; que ella se encargaría de cuidarme y apoyarme con mi bebé, al menos durante la cuarentena que se debe guardar luego del parto, así que, llegado este momento, me preguntó: "¿Qué harás entonces? ¿Te quedas o te regresas con tu hermano?".

Decidí volver a Los Ángeles, no sin antes agradecerle su buena voluntad, pero quise darle la oportunidad a mi esposo de conseguir un lugar donde llevarnos a vivir y seguir cerca de nosotras en esta nueva etapa que iniciábamos como familia; en el fondo, guardaba la esperanza de que ahora, con la llegada de nuestra hijita para bendecir nuestra unión, las cosas se encaminaran finalmente y comenzaran a cobrar sentido para ambos; además, no quise ser una carga para mi amiga, quien tenía también sus hijos y su esposo, asumiendo que quizás tampoco le haría mucha gracia a él tener a una recién parida con bebé incluido instalada en la sala de casa por cuarenta días más. Tampoco era la opción más cómoda volver con mi familia, ahora de tres, a arrimarnos en el cuarto de mi hermano, ahí todos amontonados mientras mi marido seguía, además, en su búsqueda de trabajo sin querer encontrar, pero siempre consiguiendo para el infaltable chupe que parecía importarle más que nosotras.

Así estuvimos un mes, hasta que mi hermano se hartó y me llamó la atención seriamente: "Flor, ¿en serio te quieres quedar con este hombre? Mira la vida que te está dando, ¿de verdad piensas seguir con él?", pero yo no veía salida, por lo que le respondí: "Pues, ya tengo una hija suya, ¿para dónde agarro?".

Entendiendo que la situación en la que estábamos podría prolongarse por muchísimo más tiempo si no tomaba medidas urgentes, me lanzó una última advertencia, a ver si así reaccionaba y abría los ojos finalmente: "¿Sabes qué? Si de aquí a un mes este hombre no ha encontrado un apartamento para ti y para esa bebé, lo siento mucho, pero lo voy a echar, a ti no porque eres mi hermana y porque ya hay una sobrinita de por medio, pero a él sí, lo echo sin que me tiemble la mano. No puedo seguir tolerando que siga viniendo a dormir aquí, sus borracheras luego de haberse gastado la feria mientras yo sigo manteniéndolos, pagando la renta, ¿y tu comida? No, mija, yo así tampoco puedo. ¿Recuerdas que yo te advertí que te estabas juntando a un hombre con vicio?". No pude sino reconocerlo, avergonzada de mis malas decisiones, y esperar que la conversación entre ellos rindiera buenos frutos, pero fue en vano.

En cuestión de un par de días, mi hermano me anunció: "Lo siento, mija, ya hablé con tu esposo y no se quiere ir. Van los tres para afuera".

Ante semejante panorama, volví a llamar a mi amiga para que me recibiera en Pomona y hacia allá nos fuimos, con la suerte de que este último desenlace y separación obligada de nosotras sí parecieron darle un impulso positivo a mi marido.

Comenzamos a encontrarnos en la iglesia a la que asistían mis amigos y él empezó a querer hallarle el rumbo a su vida, a buscar más de Dios y a alejarse del vicio; solo con esto, se empezaron a evidenciar cambios significativos en él y al poco tiempo estábamos mudándonos de nuevo a un apartamento para nosotros y estableciéndonos en Pomona. Finalmente, parecía estar regresando el orden a nuestras vidas.

Se trataba de un espejismo una vez más.

CAPÍTULO **5**

Un Corazón Solitario

"Cercano está Jehová a los quebrantados de corazón; y salva a los contritos de espíritu."

SALMOS 34:18

Pasó el tiempo y todo parecía reestablecerse en nuestras vidas, en nuestro matrimonio: volvimos a encargar otra niña, nuestra primogénita crecía sana y feliz, había armonía entre nosotros y pudimos prepararnos sin precariedades para la llegada de nuestra segunda hija. Solo con esto, la realidad lucía absolutamente distinta; sin embargo, cuando apenas tenía yo cuatro días de haber salido del hospital con mi nueva recién nacida, tuvo lugar una situación que me hizo dudar de la tregua de paz que hasta entonces creí que estábamos experimentando.

No terminaba yo de instalarme de vuelta en casa con nuestra bebé de pecho, agradeciendo no tener que vivir una segunda cuarentena dependiendo de la solidaridad de otros, cuando se aparece mi esposo con unos boletos para Disneyland y la iniciativa de querer llevar a nuestra niña de tres añitos a conocer el famoso parque temático.

Cuatro días, ¡cuatro días de haber traído al mundo a nuestra segunda niña! Me pareció completamente incoherente su ofrecimiento, pero quise ser comprensiva, asumir que él no entendía del todo el proceso por el que yo estaba pasando, en vista de que no pudo estar con nosotras durante la cuarentena de mi primer parto. Tomando esto en cuenta, intenté ser lo más diplomática para no herir sus sentimientos o restar valor al gesto tan inoportuno que estaba teniendo: "Oye, yo estoy recién parida, ¿olvidaste que yo estaría de recuperación por estas fechas cuando decidiste comprar esos boletos? Te recuerdo que son cuarenta días en los que debo guardar reposo, estar tranquila y en Disney hay que caminar, estar a pleno sol cuando eso nos hace daño tanto a mí como a la bebé que tendremos en brazos, ¿no pudiste aguantar ese paseo para otro momento?", pero me salió con que no había problema, que él podía llevarse a nuestra niña grande para que disfrutara en vista de que los tickets ya estaban y no se podían reembolsar.

Me pareció una tremenda descortesía de su parte, lo que no alcancé a intuir yo fue que, detrás de esa fachada de padre abnegado, se escondía un proceso ya iniciado de infidelidad.

Viendo en retrospectiva, me doy cuenta ahora de que ya se habían manifestado señales ante mí que yo no identifiqué en su momento porque no había desarrollado el don de discernimiento y de interpretar los sueños que hoy tengo y que empleo tan bien. Me doy cuenta de que hubo ciertos cambios que no noté y que en medio de mi segundo embarazo yo tenía sueños recurrentes con una mujer que entraba a mi recámara, me rodeaba y se reía, burlándose de mí.

Yo no entendía por qué soñaba tanto con esa señora y resulta que ya mi marido andaba en pleno cortejo para consumar esa relación adúltera, porque pasó más de un año de conocerse, de invitarse, de los roces para poder llegar a esa unión de cuerpos que rompería definitivamente con lo poco que habíamos logrado construir como matrimonio.

Ya ese adulterio se estaba viviendo en el alma y el corazón mientras yo gestaba a su próxima hija dentro de mi vientre.

Dicha unión finalmente se ejecuta cuando mi segunda niña tenía ocho meses de estar entre mis brazos, en ese momento descubrí esa infidelidad pero ya no por sueños sino porque un día llegó a casa con una comida china para que compartiéramos y, extrañamente, su gesto me causo una tristeza indescriptible. Fue una repentina desolación que invadió mi alma y mi corazón y que yo no entendía a qué se debía; apenas cruzó la puerta del departamento donde vivíamos, yo sentí una voz que resonaba en mi mente advirtiéndome: "Hay algo que trae él tan fuerte que será una destrucción para ti. Hay algo que él trae, hay algo que él hizo".

Era por eso, pues ese día se había consumado en un hotel la unión de esos cuerpos en adulterio y mi alma lo captó, mi corazón lo sintió. En medio de mi pena, se me quitó el hambre, le di las gracias por la atención y guardé mi ración de comida en el refrigerador mientras él, por el contrario, comió con ganas, se dio un baño y luego se fue a dormir al cuarto tan relajado, tan satisfecho. ¡Se instaló una energía tan pesada en casa desde su llegada!

Yo nunca fui del tipo de mujer que celaba al marido por cualquier cosa, no era de cuestionarlo ¿por qué llegaste tarde? o ¿qué estabas haciendo? Yo simplemente asumía "es el trabajo, es el tráfico". Siempre fui de esas esposas sumisas que no preguntan, no cuestionan y tampoco tenía por costumbre revisarle el celular que, para esa época, solo él poseía.

Yo, en mi encierro, no necesitaba un aparato de esos, me manejaba únicamente por la línea residencial; pero ese día, extrañamente, mi vocecita interna me recomendó echar un vistazo al teléfono que había dejado sobre la mesa de la cocina después de comer, aunque yo pensaba: ¿qué me interesa a mí quién lo llama? Pero, justo en ese momento, mientras me debatía con mis principios frente al celular, le entra un mensaje de voz y una luz verde empieza a parpadear en el dispositivo, insistente, llamando mi atención; no sé explicar por qué me pareció importante, pero algo muy fuerte me impulsó para finalmente tomar el teléfono y escuchar esa grabación, una nota de esa mujer recordando los detalles del encuentro que habían consumado en un hotel antes de que mi esposo llegara a casa. Un mensaje tras otro seguían llegando mientras él continuaba bien dormido en nuestra recámara, en la camota California King grandísima donde descansábamos con nuestras hijas cada noche, juntos como la familia que éramos, como la familia que él estaba destrozando con su traición.

En las siguientes grabaciones, su amante le confesaba con pasión que no podía vivir sin él, que quería volver a verlo al día siguiente, volver a estar entre sus brazos y sentir eso tan bonito que ella pensó que jamás se iba a consumar, que nunca iba a vivir, pero que al fin era una realidad maravillosa de la que no quería despertarse; y yo allí, escuchando todo aquello mientras sentía que el techo, el mundo, se desplomaba encima de mí una vez más.

¡Dios mío!, ¿qué es esto? No salía de mi conmoción. Me quería morir, ¡realmente sentí que se me iba la vida! Eso fue lo que yo sentí desde que él llegó, la tristeza que desde horas antes estaba invadiendo mi alma, pero que yo no identificaba qué era; él entró a casa con esa energía y mi espíritu la percibió tan intensamente que hasta el hambre se me fue y no quise probar esa comida china que me trajo con la intención de lavar su culpa, que él sí comió ávidamente para recuperar las energías que dejó depositadas en un cuerpo ajeno, entre las sábanas de su engaño.

Nuevamente, la infamia empañaba mi felicidad, como cuando el que creí mi príncipe azul escogió dejarse arrastrar por la tentación en vez de custodiar el verdadero amor que nos unía; esta vez no había amor, nunca lo hubo, al menos no de mi parte, pero estaban nuestras hijas, dos nenas hermosísimas que apenas empezaban la vida y que no significaron nada para su padre a la hora de cometer su felonía. No pensó en su familia, mucho menos en mí, en la posibilidad de perdernos; estaba tan seguro de mi debilidad y de mi dependencia, que asumió que yo tendría que aguantar cualquier prueba de su parte por no tener camino de salida. Eso fue lo que escuché dentro de mí mientras el agua de la regadera corría sobre su espalda adúltera llevándose los residuos de su descaro; algo me decía: "él no es el mismo que se fue esta mañana, trae algo, ¡hizo algo!", pero no había ducha que borrara el asco que sentía por él en ese momento.

Tras escuchar la confesión de su amante, me invadió una fuerza que me hizo confrontarlo a él, no pude, no quise, aguantar callada semejante humillación y me fui como una fiera a despertarlo de una bofetada: "¡Mujer loca, ¿qué haces?!", se levantó descolocado y ofendido, pero antes de que pudiera coordinar un reclamo lo atajé con firmeza: "Ve a escuchar los mensajes en tu teléfono", fue lo único que le dije. Tomó su celular con la mejor naturalidad que pudo fingir, mirándome como si en realidad yo estuviera demente y por supuesto que lo desconoció todo, inventando historias y burlándose de lo que mi intuición ya me había confirmado desde que puso un pie en el umbral de nuestra puerta: "Eso es mentira, es la cocinera que hace bromas pesadas". No estaba dispuesto a admitirlo y no lo admitió; yo oyendo una y otra vez esas grabaciones, él una y otra vez negándolas, así empezó mi tormento desde ese día.

Muchas jornadas deambulé con un cuchillo en la mano, queriendo ensartárselo, y de repente escuchaba una voz que me decía: "No, déjalo que viva, quítate tú, córtate el cuello, córtales el cuello a tus niñas". Una nube demoníaca que invadió mi hogar como consecuencia de su debilidad, de su depravación y pecado, una sombra de oscuridad y muerte incitándome al suicidio, a llevarme conmigo todo lo que él amaba.

Mi marido adúltero se iba tan tranquilo y yo no podía dormir, caí en depresión, sentí ataques de pánico, realmente deseé morir.

En una de esas largas noches que él no llegaba, a eso de la una de la mañana, senté a mis dos niñas en el carro y arranqué con la intención de acabar con nuestras vidas de una vez por todas; me metí en el *freeway* y empecé a manejar hasta donde me alcanzara la gasolina, esperando chocar o lo que fuera, no pensaba regresar, estaba completamente fuera de mí. Afortunadamente, como siempre digo, sentí una presencia a mi lado que me hizo entrar en razón, estoy convencida de que una vez más se trataba de ese Dios invisible cuidándome, cuidando también de mis hijas en ese momento, y fui recobrando el juicio: "Estoy loca, ¿por qué hago esto?, ¿por qué estoy manejando así con tanta velocidad?" Y, de pronto, no sé qué paso, no sé si me quedé dormida o se trató de un milagro, pero de algún modo estaba de vuelta en casa; cuando logré reaccionar, estaba parqueada detrás de nuestro edificio de departamentos, ya eran cerca de las tres de la madrugada, mi esposo había regresado y, al no encontrarnos en nuestras camas, andaba desesperado buscándonos por la calle. Al verme estacionada, se acercó a mi ventana y me llamó, sacándome de mi trance: "¿Qué estás haciendo ahí?", y luego me dijo muy bajito, para que solo yo escuchara: "Estás loca, estúpida, buena para nada; por eso te cambié, por eso adulteré, porque tú ya no me sirves. Sigue así, al manicomio vas a parar y tus hijas se quedarán con mi otra mujer".

A tal nivel de maltrato psicológico estuve expuesta en mi propio hogar, fue algo que él me repitió constantemente y por mucho tiempo; a veces, despertaba en la noche escuchando sus palabras humillantes en nuestra cama, intentando enloquecerme verdaderamente.

Volvimos esa madrugada a la casa con las niñas y mi esposo se fue luego a trabajar; entonces decidí buscar la palabra de Dios como refugio, lo reconocí como mi única compañía y leyendo la Biblia me sostuve, después de tantos días sin comer, largas jornadas de ayuno. Fui recobrando la paz y poco a poco me sometí a esa nueva y lamentable situación en la que estaba inmersa, me resigné a aceptar la promiscuidad de mi marido en favor de mi equilibrio mental y paz de espíritu; tanto así que, atrapada en medio de aquella farsa, seguía cumpliendo con ese hombre desleal que me seguía exigiendo que estuviera allí a su orden como esposa, como mujer, cuando a él le sobrevenían sus ganas y, como resultado de esto, me quedo embarazada de un tercer bebé, un varón concebido en adulterio y que acepté una vez más como la realidad que me tocaba vivir.

Solo mi fe en Dios fue capaz de sanar ese dolor que entró en mi alma y en mi corazón mientras mi esposo seguía embarazándome y trayendo hijos a un hogar roto, procreando por pura lujuria y sembrando más desbalance entre nosotros, alimentando peleas que irían a parar a los oídos de esos niños, a sus dulces espíritus aún en formación.

Hasta este punto seguía siendo solo ama de casa y si antes me negaba el dinero, ahora lo hacía más, pues me decía que la que administraba sus finanzas era su otra señora.

Pasó el tiempo y él siempre andaba con una maletita donde llevaba todos los papeles de la lonchera, los recibos y demás documentos importantes, y se dio una nueva oportunidad en que se quedó dormido y mi voz interna me recomendó revisar ese maletín; fue así como me enteré de que no tenía una lonchera sino dos, ambas a nombre de su amante y de él; estaban haciendo negocios como pareja mientras que a mí me había tenido encerrada por años, sin permitirme trabajar y limitando completamente mi acceso al dinero y los bienes que, como cónyuge, tenía derecho.

Los negocios habidos dentro de nuestro matrimonio estaban a nombre de ellos dos. No lo podía creer, ¿hasta dónde serían capaces de llegar pisoteándome? Un nuevo golpe a mi dignidad que poco aguantaba ya, otra decepción tan grande.

En vista de esto, lo confronté con mi gasto, exigiéndole que me tenía que dar para mis cosas ahora sí y me salió con que tenía que pedirle permiso a su socia, que no podía tomar del dinero destinado al negocio así sin más, pues se estaba trabajando una inversión y él no podía disponer de esos fondos a voluntad.

Adicional a esto, llegó hasta mí otro descubrimiento que jamás me vi venir y que me demostró que, además de mi falta de amor, todo el comienzo de mi hogar estuvo siempre fundamentado sobre un colchón de mentiras.

Resultó que enviaron por correo un sobre desde Guatemala dirigido a mi esposo, venía de parte de su familia con una documentación que él había solicitado, asumo yo, para avanzar con los negocios que compartía con su amante.

En vista de que ya había leído todo lo demás, abrí la encomienda sin mayor disimulo para ver de qué se trataba y verificar si estaba todo en orden pues, como otras veces había pasado, era probable que su familia se comunicara luego para confirmar que hubiese llegado el encargo correctamente; dentro del empaque había una carta y una partida de nacimiento, una partida de nacimiento donde se asentaba que el nombre de mi marido no era el que yo conocía y su edad no coincidía con la que él me había dicho cuando nos conocimos.

No alcanzo a describir mi grado de desconcierto, ¿cuál era la finalidad de tantas mentiras? ¿Querría decir que mi matrimonio no era tal?, ¿que mi compromiso con él no existía? Recordé claramente que, a los pocos días de empezar a salir, en ese corto espacio de un mes que nos dimos para conocernos antes de juntarnos a vivir juntos, él me mostró una identificación que lo acreditaba como residente legal de Estados Unidos y allí decía que había nacido cinco años antes que yo y que su nombre era el que yo tenía entendido; ahora me enteraba que ese hombre no era quien yo creía, ¡y que además era cinco años menor que

82

yo! Para ser honesta, no supe qué hacer con esa información, no entendí si me afectaba o me beneficiaba, me sentí agotada para iniciar una nueva disputa con él y preferí guardar los documentos donde estaban y dejar las cosas de ese tamaño; total, ya teníamos tres hijos, así que nuestro lazo estaba más que atado con el nombre correcto o no.

Sin embargo, mi alma infantil, esa que se había adormilado dentro de mí todos esos años, despertó ante la evidencia de tanto engaño y volvió a la vida para confortarme en mi indignación y desconcierto; me recordó que yo tengo un don particular para las ventas, para hacer negocios, y me impulsó a abrirme camino por mi cuenta, por mis hijos, sin la aprobación de ese hombre que jamás me valoró ni tenía la intención de hacerlo en ninguna etapa de nuestro matrimonio; yo veía que, definitivamente, mi hogar iba a ser dividido, porque ahí había un negocio "familiar" que administraba otra mujer que no era yo, del que yo como esposa había quedado desplazada y al que se demostraba que jamás tendría acceso.

Llegó nuestro cuarto hijo, otro varón precioso a bendecirnos, y con él mi determinación de arreglar las maletas de mi marido y correrlo de nuestras vidas como el desgraciado que había demostrado ser: "Fuera de nuestra casa, ya yo veré cómo me las arreglo". Finalmente, él se percató de lo que estaba perdiendo y acabó de inmediato con aquella relación, se dio cuenta de que por sí sola no iba a funcionar ni conseguiría con esa otra mujer lo que nosotros le ofrecíamos; decidió quedarse cuando yo ya me había hecho a la idea de caminar sin su sombra oscureciéndome el destino y el pensamiento. Ya no había adulterio, pero lo que se rompió entre nosotros no había forma de componerlo.

CAPÍTULO **6**

Tomando Responsabilidades

"Para que andes por el camino de los buenos, Y guardes las veredas de los justos."

PROVERBIOS 2:20

Con el nacimiento de nuestro cuarto bebé, la dinámica de nuestra familia experimentó también una renovación necesaria y de, a ratos, maravillosa. Nuestro último varón llegó para despertar la conciencia de sus padres; en mí, para entrar nuevamente en el proceso de reconocerme como individuo plenamente capaz de producir recursos por mi cuenta, de hacer negocio y generar una fuente de ingresos que me permitiera cubrir mis necesidades y la de mis hijos sin depender absolutamente de otra persona; en él, para dejar de vivir en pecado y cortar finalmente con la relación adúltera que me hizo tolerar por años, irrespetándome no solo a mí sino a todos los integrantes de su hogar que seguía creciendo.

Lamentablemente en mi caso, que había empezado a soñar con una vida en solitario, deslastrada de este matrimonio tóxico que tanto daño me había hecho y apuntando a construir un futuro independiente como siempre imaginé hasta cruzar mi camino con el que hasta ese momento era mi esposo, me tocó seguir aguantando a ese hombre arrepentido que no quiso irse de nuestro lado y que por soltar a la amante, en quien había delegado sus finanzas por completo, se había quedado sin negocio y le tocaba empezar otra vez de cero, pues ella se había quedado con todo su capital. Otra vez a padecer y a depositar en mí sus fracasos, queriendo endosarme la culpa de una situación que él mismo había provocado: "Mira lo que pasó, no hay dinero", me decía, pero yo fui aprendiendo a pasar por alto sus comentarios insanos; a desechar lo que él lanzaba sobre mí con la intención de esclavizarme, de no dejarme crecer; a trabajar de a poco la resiliencia para enfocarme en mí misma y dejarlo a ese hombre a un lado de mi camino.

Inicié yo entonces a abrir negocio de manera modesta, arrancando con venta de cosas usadas y, una vez que empecé a ver dinerito, seguí comprando artículos de segunda, revendiéndolos y con mis ganancias pude al fin, luego de tantos años de carencias, comprarle algunas cositas a mis hijos, prendas que ellos pudieran estrenar por primera vez en su vida, porque hasta entonces se habían tenido que conformar con lo que nos donaban en la iglesia o llegaba a nuestras manos por la bondad de otras personas, todo usado, pues por parte de su papá nunca había un centavo para concedernos.

Yo empiezo a abrir esa posibilidad de hacer negocio, de empezar a vender y traer un poquito de dinero por acá, por allá, y así arrancamos, así inicié yo con mis hijos mientras que mi marido otra vez emprendió su labor de rentar loncheras, de volver a lo de antes, pero ya había algo en mi corazón que me cuestionaba constantemente: "¿Qué más me espera con este hombre? Si ya me golpea, ya me grita, si ya me menosprecia y me considera una buena para nada, una "vieja fodonga", como me decía porque, entre todo lo que yo viví, entre la ansiedad y el estrés, me engordé muchísimo, llegué a pesar casi doscientas libras de tanto comer, en depresión, con los ataques de pánico.

Cuando llega ese proceso, yo logro salir de mi pasividad y de a poco abrir caminito para mí, a la par que mi esposo cae en el alcoholismo día y noche. Esta nueva situación también se prolongó muchísimo tiempo y yo seguía ahí, a su lado; parecía una maldición, sentía que algo más que los lazos maritales me ataba sin escapatoria a ese ser, una manipulación demoníaca mental que él mismo empezó a trabajar conmigo y donde me decía: "Tú no te puedes ir. Te quito a los hijos. Te mato si me dejas. ¡Te mato, mujer!" y caí en su trampa irremediablemente, aún tenía demasiado poder sobre mí.

Durante años me quedé atrapada aguantando su alcoholismo, todas las noches que llegaba borracho y más borracho. Ahora sí trabajaba, ebrio o como fuera, trabajaba como el hombre de negocios que siempre fue, pero ya no en las loncheras, eso no pudo retomarlo y se dedicó a otro tipo de actividades: remodelar casas, compra y venta de autos, pero dinero que le llegaba, dinero que se chupaba en su problema con la bebida.

Esta nueva faceta de su padre fue una de las que más afectó a mis hijos, quienes vivían asustados, siempre en medio de los problemas. Yo estaba cerca de los cuarenta años, mi niño menor tiene ya hoy trece y ese último embarazo fue, en verdad, uno de los más complicados para mí, no a nivel de salud, afortunadamente todo transcurrió perfecto hasta su nacimiento pero, en lo referente a lo emocional, temí que mi bebé absorbiera esa tristeza tan grande que experimenté cuando lo tuve en mi vientre, mi angustia por los maltratos constantes y la situación de adulterio que aguanté en silencio.

Ahora nos enfrentábamos al vicio que estaba consumiendo a ese hombre que tanto daño nos seguía haciendo, tocaba manejarnos con la doble identidad que nos mostraba según el nivel de alcohol presente en su sangre: cuando estaba "bueno y sano" era una persona pero, cuando llegaba embriagado, otra. Se trataba de una transformación para nada placentera y mis hijos siempre ahí, observándolo todo, unos niños que apenas formaban su criterio; mi hija mayor tendría apenas unos diez años, eran pequeños mis retoños, espectadores en primera fila de tanta miseria humana proveniente de su figura paterna.

Con la llegada de nuestro cuarto bebé, yo desperté; yo también toqué fondo. No por adicciones, como en el caso de mi esposo, sino por el tipo de vida que estaba llevando. Me avergonzaba lo mucho que había expuesto a mis hijos a la degradación moral y física de su padre, así como a la denigrante relación que llevábamos como matrimonio; por otra parte, me hastié, me harté, me cansé de aguantar por años a esa persona con la esperanza de un cambio que no llegó nunca. "Él va a cambiar", yo siempre lo miraba así, va a cambiar por sus hijos, pues ahora tiene cuatro. Embarazada de nuestro último bebé, yo me repetía, quizás para convencerme: "Va a cambiar porque no es tan fácil para una persona tirar a la basura una familia, independientemente de si hay amor de pareja o no, pues dicen que a estas alturas ya las uniones perduran no tanto por amor sino, más bien, por costumbre o por conveniencia".

Por su parte, mi marido también me lo prometía constantemente y fueron años perdonando enfrentamientos con base en ese juramento: "Dame chance, espérame, mañana no lo vuelvo a hacer, esta semana no lo vuelvo a hacer", y sí, dos, tres días notaba yo su esfuerzo, hasta una semana llegaba a intentarlo y otra vez volvíamos a lo mismo; eso me agotó, me llevó a tocar fondo, él me llevó a tocar fondo y yo lo permití, porque viendo la situación en retrospectiva, desde el conocimiento que ahora tengo, entiendo que todo abuso se prolonga porque la mujer lo permite, porque así lo acepta. Esa persona no te tiene amarrada. Mucha gente llegó a mi vida en esa etapa de victimismo y, tras escucharme quejarme, me decían: "María, pero yo no te veo atada a él con una cadena, ¿por qué no te vas?, y mi respuesta era siempre "no me puedo ir, no sé por qué, pero no puedo, menos con mis cuatro hijos, ¿qué voy a hacer?". Dios dispuso a muchas personas dándome esa advertencia: "¡Vete! Tú negocias, tú te puedes mantener sola, tú tienes ya una fuente de ingresos donde tú generas dinero. Si él no te ha dado en todo este tiempo, ahora que tú también ganas, ¡menos te va a dar! Entonces, ¿qué te pasa? ¡Vete ya!"

Y al fin escuché y le puse freno a todo aquello, le di un vuelco a mi vida e impuse determinantemente la separación de cuerpos, de los ingresos, de todo lo referente a su presencia entre nosotros. Necesité pasar por toda esa situación pero, como siempre digo, los seres humanos tienen diferentes procesos y ese fue el mío. Al fin me llegó el discernimiento y fui clara y directa en mi determinación: YA NO MÁS.

Él, ya con tanto peso de conciencia será, no se opuso a la separación a esas alturas y más bien me dijo: "Estoy consciente de que la he regado, tómate tu tiempo, pero sé que luego volveremos porque se trata de nuestro hogar y nuestra familia no se puede perder". Insistió, además, en que aún me amaba como el primer día y me pareció tan ridículo, un amor de pura palabra que jamás sentí, porque cuando se cometen tantos errores, cuando se pisotea y se decepciona como él lo hizo conmigo, no entiendo de qué amor se puede estar hablando. Eso no cabía en mi mente.

A pesar de la ignorancia, de que no estudié, de los conceptos preconcebidos que yo traía de todo lo que se me inculcó en mi cuna de tierra, no alcazaba a concebir cómo una persona podía creer que expresar afecto haciendo cosas que no son buenas para el otro podía considerarse aceptable; eso, sin lugar a discusiones, no es amor.

Entonces, empiezo a vivir con esa "separación", con mi esposo residiendo en la parte de abajo de la casa y nosotros arriba. Ese fue el acuerdo al que llegamos porque él no quería perder contacto con los niños, esa era su motivación; la mía, hacer tiempo mientras ahorraba para poder buscarnos un sitio mejor y lejos de ese hombre, para poder mantenernos por nuestra cuenta.

Al sentirse abandonado, no tardó en acosarme de nuevo, ahora con un tipo distinto de manipulación: "Vas a ir infierno, porque tú lees la Biblia, tú vas a la iglesia y tú no estás cumpliendo con tus labores de esposa que manda Dios; tú estás pecando porque tú no cumples con tus deberes y ya no quieres nada conmigo", y confieso que logró meterse en mi mente y hacerme dudar, cuántas cosas no me venían a la cabeza como recuerdo de la religiosidad que lastimosamente nos enseñan desde nuestra infancia: "Es cierto lo que ahí dice, es cierto, ¿y cómo quitarle el padre a mis hijos? ¿cómo alejar a mis hijos de él?". Y así fue pasando el tiempo, separados pero juntos, porque él continuaba ahí y, cuando tomaba, siempre me atemorizaba con su: "es que tú me tienes que cumplir", pero llegó el punto en que me cansé y dije: ¡No más! y le advertí con el mayor aplomo del que pude armarme: "Tú no me vas a tocar más como esposa y si lo haces, ¡yo te echo a la policía!".

Hasta ese momento me acosó. Se descolocó por la seguridad de mis palabras y algo diferente vio en mí que lo terminó de convencer de que estaba hablando muy en serio y que cumpliría mi amenaza. Había recobrado mi identidad, la identidad que a través de tantos procesos fui perdiendo, había comenzado mi despertar, mi empoderamiento.

Ante eso, poco a poco se fue alejando y empezó a meterse más en el alcoholismo, en el vicio, y ahí se le ocurrió otro tipo de manipulación: "si me muero va a ser tu culpa", "si yo tomo más es por tu culpa", y todo era por mi culpa y yo le decía: "bueno, si te vas a morir, pues ni modo; si es mi culpa, pues ni modo; pero yo no vuelvo. Digas lo que digas, yo no vuelvo".

Al fin entendí que esa no era la vida que yo merecía, la vida que yo quería vivir, y me aterró la idea de que mis cuatro hijos replicaran de algún modo ese pésimo patrón de convivencia que entre su padre y yo les habíamos estado enseñando.

Él seguía cubriendo la renta, los víveres, pero yo empecé a velar por mis hijos, a hacerme cargo de ellos por completo; ya todo era conmigo porque, cuando su papá empezó a caer en el alcoholismo, se alejó mucho de ellos. Se mantenía encerrado, bloqueaba las puertas; si querías entrar a auxiliarlo, no podías; siempre ahí embriagado.

Llegaba tarde en la noche a dormir y de madrugada ya iba saliendo otra vez; simple y llanamente, una temporada en la que mis hijos no lo miraban para nada, solo sabían que ahí vivía pero casi no tenían contacto con él y cuando subía a verlos lo hacía ebrio, pateando puertas, aventando chapas y, mientras tanto, yo intentando maquillar la situación para que mis hijos no se dieran cuenta o no lo vieran en ese estado.

Por muchos años lo logré, yo lo estuve cubriendo, pero llego un punto en que ya me fue imposible tapar el sol con un dedo; todo salió a la luz, él tampoco hacía ningún esfuerzo por cuidar su imagen ante ellos, dejaba su miserable ser interior tan al descubierto que poco a poco sus hijos se fueron dando cuenta, por su propio discernimiento, quien era realmente el hombre que tenían como padre. Empezaron a ver mi vida sola, como madre soltera y a apoyarme en todo momento, ya no le pedíamos permiso para nada y entrábamos y salíamos a nuestro gusto.

Han pasado trece años y después de tanto tiempo yo no quiero ni pienso, no me visualizo restaurando ese hogar como él esperaba que lo hiciéramos. He recuperado de a poco el poder para decidir sobre mi propia vida; he recobrado mi independencia y autonomía y no pienso dar marcha atrás por más que él se haya rehabilitado o esté en el proceso de hacerlo. Es cierto que está cambiando, está yendo a la iglesia, lleva aproximadamente seis meses sin beber, no es tanto pero es un comienzo y está ahí como intentando que vuelva a mirarlo, que lo tome en cuenta, pero definitivamente no, ya no tiene espacio en nuestras vidas, no como un miembro activo de la familia.

Por supuesto, nunca dejará de ser el padre de mis hijos, pero ellos no lo quieren cerca, les basta con los poquitos momentos que comparten y, aún en esos escasos encuentros, al platicar o estar cerca de él, se sienten asfixiados, de tanto que lo escucharon insultarme; de las muchas veces que lo vieron golpearme y de cómo, al final, también me contemplaron defendiéndome a pesar de mi desventaja en el cuerpo a cuerpo; porque, cuando decidí no dejarme más, fue en serio; una vez que despertó la leona dormida, no me importó medirme con él en un round de boxeo, dije que no más y ¡no más!.

En la actualidad, ellos tienen mucha libertad conmigo y se sienten bien, por nada del mundo quieren volver a la convivencia de antes y yo sería incapaz de exponerlos nuevamente a lo mismo.

Desde que recuperé mi vida hace trece años, empecé a abrir las posibilidades de entrar a talleres, a cursos, a potenciar mi mente, mi ser, mi alma y mi corazón, a trabajar en el perdón, en sanar el dolor, a liberar, a disfrutar mi día a día, a tener encuentros conmigo misma y responder a las preguntas que me mueven: ¿qué quiere María?, ¿qué hace feliz a María? Preguntas que no me hice antes pero que, desde mi niñez, buscan respuesta; que comencé a perfilar y dar forma en algún punto, pero que se quedaron en el olvido cuando tomé la pésima decisión de supeditar mi vida a la de otra persona, cuando este hombre se cruzó en mi camino y desajustó mi brújula interna haciéndome perder de vista la salida.

Arropada por sus insultos, dejé de escuchar esa voz que me guiaba cuando era más joven y que me daba la valentía para afrontar el mundo, que me impulsó a continuar con mi plan de emigrar aun cuando muchos intentaron hacerme renunciar advirtiéndome: "Te van a violar, vas a morir en el desierto", nada de eso me detuvo y siempre me mantuve firme: "Yo me veo allá y me veo allá" y de ahí nadie me sacaba.

Empecinada, determinada, valiente y hoy me pregunto, ¿cómo fue posible que esta persona tuviera tanto poder sobre mí como para adormecer mis mayores virtudes, desdibujar mis propios metas y aspiraciones, los deseos y motivaciones por los que tanto trabajé desde niña y adolescente? ¿Cómo pude caer así bajo la posesión de un hombre al punto de que me controlara y yo no supiera más que bajar la cabeza, sumisa, aceptando todas sus manipulaciones? Aún soy incapaz de responder a todo esto, pero sí me queda claro que hay relaciones que matan los sueños y nunca jamás volveré a dejarme robar lo que me define como ser humano.

Tuve que poner un alto porque me estaba haciendo daño y cada vez me perdía más dentro de una relación tóxica que no tenía ningún sentido, dije finalmente stop y mi renovación tuvo lugar en consecuencia.

CAPÍTULO 7

Un Encuentro con Dios

"Y dijo: Yo soy el Dios de tu padre, Dios de Abraham, Dios de Isaac, y Dios de Jacob. Entonces Moisés cubrió su rostro, porque tuvo miedo de mirar a Dios."

EXODO 3:6

Como ya lo he comentado, durante todo el difícil proceso de matrimonio que tuve que sufrir y el aprendizaje que implicó para poder volver a pararme finalmente sobre mis propios pies, empoderarme y reconocerme a mí misma en el espejo en consonancia con la niña, adolescente y joven mujer que fui alguna vez, la lectura de la Biblia se convirtió en mi apoyo mental en medio de la incertidumbre, me ayudó a mantenerme cuerda y la fuerza con la cual sus lecciones impactaron también en mi alma y mi corazón, me hicieron sentir que nunca estuve sola: Dios me acompañó en todo momento. Aun cuando me sentí tirada en el suelo y sin fuerzas para levantarme, su presencia me dio el impulso para seguir adelante en mi cruzada de liberación.

Mi primera acción fue conectar con ese empuje y determinación que caracterizaron mi espíritu desde que tengo conciencia y que se apagaron completamente entre las telarañas del matrimonio fallido en el que yo misma me dejé envolver.

Siempre bien decidida, luchando por mis metas hasta obtenerlas; cuando me enfoco a creer que es posible y lo hago con fe, nunca me ha fallado mi Dios para conseguir en forma y tiempo lo que estoy necesitando: lo que he pedido, se cumple; quizás lento, pero se cumple. Por supuesto, hay cosas que no, pero esas situaciones que no se han dado aunque he insistido, yo asumo que no están predestinadas para mí, que Dios no las tenía en mi destino y por eso no llegan a mis manos; pero las que sí, las que están grabadas en mi destino, con perseverancia las he ido conquistando, paso a paso. Donde otras personas dicen: "Ahí nunca lo vas a lograr", pues en ese mismo lugar se me abren los caminos. Así lo he visto y estoy consciente de mi don de perseverancia, ahora más que nunca, luego de haberme abandonado a la voluntad de otro y perdido autosuficiencia, retomo la autoridad sobre mí misma y afirmo con toda certeza que yo tengo un Dios grande y poderoso, un Dios de milagros, de prodigios, en el que me reconocí desde niña y que me ayuda para alcanzar mis metas más allá de lo "imposible".

Otra cosa que tengo muy clara es que, para que se materialicen esos milagros en mi vida, yo tengo que provocarlos, yo debo hacer que sucedan; como dicen por ahí: "lo que deseas con fervor, también te desea"; yo debo inducir esos milagros, creyendo firmemente que ese Dios invisible, que no puedes ver pero que sí sientes su presencia, escucha y concede lo que guardas en tu corazón, Él descubre lo que tú tienes, Él ve lo que hay dentro de ti y si la llama del deseo es ardiente, Él te concede tu más grande anhelo, siempre y cuando sea bueno para ti. Si no lo es, si tus ruegos apuntan a un objetivo equivocado, Él hará caso omiso a tus oraciones. Siempre cuidándote aunque tú no lo alcances a comprender en su gran bondad.

Por otra parte, si el deseo es vago, si tu petición no es clara y directa, se perderá en divagaciones y tampoco llegará a sus oídos finos; el que yo conozco es un Dios al que le gusta que tú sepas lo que quieres y provoques su respuesta milagrosa en tu existencia, que tú hagas la parte que como humanidad te compete y Él añadirá el complemento divino para que ocurra la magia.

Ese es el Dios en quien yo creo y con el que me he relacionado en cada etapa de mi vida, pues su presencia y compañía me ha demostrado en incontables ocasiones que existe y que me ha acompañado en cada paso, he sido yo quien ha dejado de estar para cumplir mi parte del trato.

Intentando retomar ese acuerdo, me separé definitivamente de mi esposo y gracias a ello fui evolucionando de nuevo, paso a paso, recobrando el control de mi persona, de mis ingresos, de mi vida independiente, encargándome de mis hijos, hasta que Dios puso ante mis ojos la respuesta que me llevaría a reconstruir finalmente a la María soñadora que se quedó esperando por mí en mitad del camino, cuando desvié la ruta tomando la dirección incorrecta en la encrucijada que se me presentó llegando a Estados Unidos.

Mi último hijo tendría unos cinco añitos cuando una amiga que se desempeña como señorita Mary Kay me invitó a su compañía y empecé a recibir esos entrenamientos que ahí les dan, donde llegan oradores de todas partes a compartir su mensaje de superación para las mujeres; un sistema educativo donde comencé a escuchar que hay que leer libros, que hay que aprender cosas diferentes, siempre insistiendo en que la mujer puede llegar donde quiera que se proponga, alcanzar rangos altos en cualquier empresa o desempeñarse en el área que mejor decida, y algo despertó en mí que ya nunca volvió a dormirse, mi renacer fue inminente y tuve claro que, a partir de entonces, ya nadie volvería a detenerme.

Pasado un tiempo, esa misma amiga me invitó a un entrenamiento de seis meses, ajeno a lo relacionado con la compañía de belleza para la que ella trabajaba; un entrenamiento al que alguien más la había reclutado y ella había corrido la voz entre sus compañeras de Mary Kay, formando una cadenita donde fuimos a tener un nutrido grupo de mujeres ansiosas de recibir herramientas para aplicarlas en nuestros proyectos de vida.

Se trataba de una preparación muy personalizada, presencial, donde anduvimos metidas en hoteles todos los fines de semana sin falta en capacitaciones de viernes, sábados y domingos, bajo la tutoría de un *coach* increíble y viviendo esos adiestramientos que yo en mi vida había recibido; ahí nos atrevimos a intentar cosas drásticas que yo jamás pensé que podría hacer, de todo había probado en mi vida menos lo que allí me estaban presentando y con ese entrenamiento de seis meses conseguí finalmente lo que estaba buscando, mi alma estaba en su lugar y sitio para emprender lo que se me presentara, había vuelto y ahora tenía las herramientas que tanto me hicieron falta antes.

Ese tiempo y dinero fueron una inversión en mi auto despertar, en mi auto conocimiento y valió completamente la pena; a partir de entonces, comienzo a ver la vida de otra manera, empecé a evaluar mi propia vida de otra forma y con ello llegaron los *feedback*, las confrontaciones personales que hasta el día de hoy me son tan útiles para mantenerme enfocada en mis objetivos: ¿Qué es lo que María realmente quiere? ¿Cuál es la finalidad de la existencia de María en esta tierra? ¿Cuál es su llamado? ¿Cuáles son sus dones? ¿Cuál es su verdadera capacidad? ¿Cómo superará María las secuelas de esa vida que traía? ¿Cómo trabajará con ellas? ¿Cómo se liberará? ¿Cómo llegará a ser la mujer independiente en su mente, su alma, su corazón y sus finanzas que tanto aspira? ¿Cómo puede ella llevar ese mensaje a otra mujer? ¿De qué forma podría apoyar a otra mujer en sus mismas circunstancias? ¿Qué es realmente lo que María quiere hacer con la nueva mujer que es ahora?

Con ese despertar que se abrió ante mí luego de ese entrenamiento, con esa gran posibilidad, me sentí sin duda en el lugar correcto y me dije: "yo soy de aquí".

Todo llega en su espacio y tiempo indicado, quedaba demostrado una vez más; no obstante, yo no me conformé con eso.

Terminé con el proceso, donde arrancó un gran grupo, pero luego se fueron quedando, como en cualquier carrera; un maratón donde inician cien personas y el triunfo es para solo uno, el trofeo es para uno y los demás figuran en otros rangos: segundo lugar, tercer lugar... Yo me llevé esa victoria, porque de ese entrenamiento fui quien más lo vivió; entre arranques, gritos, no me quedé con nada; como buena mujer, expresé mis emociones con llanto, lanzando cosas, permitiéndole a mi naturaleza femenina fluir en su máxima capacidad.

Fue una confrontación tremenda a la que tuve que someterme, pero gracias a esas sesiones pude sanar, logré soltar, y lo que no logré trabajar en esos días porque se acabó el tiempo, yo lo fui buscando luego a través de las redes sociales. Indagué hasta que di con un sillón de mujeres donde se compartieron experiencias más drásticas que las que yo había vivido y eso me infundió mayor motivación aún: "Si ellas pudieron salir de allí, ¡yo también voy a poder!".

Me dediqué entonces a enfocarme, a invertir en mí, a comprar y leer libros, a buscar otros talleres y entrenamientos donde se trabajase la mente y cada área de posibilidad en la mujer.

105

Fue ahí donde fui descubriendo mi llamado, recuperando mi poder, mis dones, mis talentos y cómo ponerlos a trabajar en beneficio tanto mío como de las demás personas, de las mujeres que me rodean.

A raíz de todas estas experiencias, cimenté un decreto en mi vida personal que, si bien siento que viene evolucionando conmigo desde que era una niña, fue hace ocho o nueve años cuando finalmente quedó asentado en mi mente, mi alma y mi corazón como una verdad inamovible que me define y me señala el camino para no volver a perder la brújula o desviarme de la vía correcta: "Mi nombre es María Atz, soy una mujer líder, soy una mujer inspiradora, decidida y transformadora, visionaria". Ese decreto salió de muy dentro de mí misma en uno de esos maravillosos entrenamientos de los que fui parte aquí en Los Ángeles y desde entonces sentí que se trataba de una afirmación muy poderosa que me marcaría el sendero en adelante.

Pasé de una vida de victimismo, de adulterio, de golpes, de alcoholismo, a concederme las grandes oportunidades a las que toda mujer en estos tiempos merece tener acceso. Ahora dedico mi vida a captar la atención de otras almas que, como la mía, necesiten encender esa llama, que necesiten ver la salida de la desorientación o las situaciones de abuso que puedan estar experimentando; desde mi experiencia, hoy organizo talleres a través de las redes sociales, ofrezco mentorías a otras mujeres, empoderándolas y respondiendo al llamado profundo que me invita a despertarlas como alguna vez lo hicieron conmigo. Es mi manera de agradecer las bendiciones recibidas y que, con el favor de Dios, llegaron a mi vida en el momento justo, mostrándoles también a ellas la luz al final del camino y dándoles las herramientas para labrar el sendero que las lleve a alcanzarla.

Es increíble cómo en este proceso que yo aún estoy andando, en mi propio caminar, veo que allá afuera hay miles y miles de mujeres aún viviendo las situaciones por las que yo pasé hace años y me es imposible quedarme de brazos cruzados, sobre todo cuando ponen como excusa para salir de allí la edad o la falta de estudios, que se sienten mayores o incapaces de enfrentar la vida sin alguien que vea por ellas, aun cuando el precio a pagar por quedarse en el mismo sitio sea tan caro.

Se me hace urgente alzar mi voz para decirles que nunca es tarde, porque yo estaba en mis cuarentas cuando decidí soltar esas cadenas que me ataban y ahora el mensaje que yo le doy a todas esas mujeres en redes sociales es: "No te desprecies porque ya pasaste los cincuenta años, no te menosprecies porque no estudiaste, no te incapacites porque no fuiste a una universidad, no me digas que no puedes porque ya estás en tus sesenta, cincuenta y cinco o cincuenta y tres, como yo; no me digas que porque ya cruzaste ese umbral tú ya no puedes hacer nada en tu vida y que ya no vales nada". Yo no tolero esos pensamientos, no le permito a ninguna mujer que se crea eso, ¿por qué?, porque si quieren una motivación, pueden mirarse en este espejo, para eso estoy yo en este mundo; porque yo, a mis pasados cincuenta años, he logrado muchas cosas que quisieron hacerme pensar que no estaban a mi alcance, condenándome con que yo no nací para eso, que era buena para nada, que solo podía parir hijos, ser ama de casa y servirle a un hombre como una esclava; yo lo escuché muchísimas veces en mi diario vivir, pero nada de eso me detuvo para llegar a donde estoy ahorita.

NADA. Por un tiempo me quisieron matar mis sueños, me quisieron robar la visión que tenía de mí misma y apagar mi fuego interno, esa llamita que desde niña yo tenía dentro de mi corazón. Pasaron muchos procesos pero NADIE logró extinguir mis ganas y hoy arden con más fuerza porque me siento dichosa, me siento especial porque sí pude librarme de esas cadenas y estoy convencida de que cada mujer que está pasando por un proceso similar también puede lograrlo.

Esa es mi misión de vida, ese es mi llamado, despertar en esas damas sus propios dones y talentos, sin que el poco estudio o el exceso de edad las detenga, así tengan setenta años, hay una historia de vida que contarle al mundo y no podemos callarla, no debemos. Nuestra experiencia individual puede inspirar la de otras y, de una en una, formar una nueva cadena, una cadena de bienestar que nos devuelva al espacio de paz al que pertenecemos y del cual nunca debimos desviarnos.

Tenemos una vivencia y no debemos avergonzarnos de ella, compartirla a los cuatro vientos puede ayudar a alguien más a salir de ahí y si es así ¡yo lo grito!, lo hablo, le digo a quienquiera que pueda escuchar, que me harté, que me cansé, pero que sí lo viví, lo viví pero no me quedé ahí, que no llegué aquí sin haber pasado penurias, que mi experiencia no ha sido fácil, que estaba allá pero ahora estoy aquí, que tengo una misión de vida y no me he de morir sin haberla cumplido, porque yo no me quiero ir de este mundo, de esta tierra, ni siquiera dormirme cada día sin haber avanzado aunque sea un poquito en esa misión de vida.

Mi misión: DESPERTAR LA MENTE, EL ALMA Y EL CORAZÓN DE LAS MUJERES, despertar a esa compañera que está dormida y mostrarle una nueva posibilidad de vida, más acorde con su valor y con sus expectativas. Ayudarla a descubrir su fuerza interior, definir qué tipo de mujer es ahora, en este momento, más allá de cualquier error o fracaso del pasado; visualizar sus virtudes, sus características positivas, aquello que la motiva a avanzar, sus sueños, capacidades, valores y cada aspecto esencial que la identifica. Impulsarla también a convertirse en una mujer empoderada que reconoce su valor, sabe que tiene poder sobre sus decisiones y trabaja por lograr el destino que quiere que su vida tome.

Es así como vivo mi día a día, inspirando a mis dos mujeres y a mis dos varones, haciéndoles ver que los padres no somos perfectos, que cometemos errores como todo el mundo, que hay errores que se pueden corregir pero que también hay errores que marcan nuestras vidas. Que hay un antes y un después de nuestras fallas, pero que se vale perdonar, principalmente a nosotros mismos, porque el perdón trae sanación, liberación a tu espíritu; que no debes quedarte anclado en los males pasados y el rencor, es más sano perdonar, estar en paz con esa persona que te hizo daño aunque ya no forme parte de tu vida, y que si no te quieres quedar en un lugar, debes irte de inmediato, no te quedes.

La vida es una sola y no fue creada para que vivamos en sufrimiento. Tú eres mucho más que esa situación que hoy te incomoda y genera malestar. Para poder salir de ese problema, para dejar de concentrar toda tu vida y energía en ello y dejar de definirte a ti misma en función de ello, debes reinventarte.

Busco promover una existencia de reconciliación con tu prójimo y contigo mismo, pues tendemos a culparnos de las discordias con los otros; que al perdonar, no se quede la culpa contigo, tú también mereces perdón. Concéntrate en separarte de los fracasos, de los errores pasados. Tú necesitas distanciarte del pasado porque tu pasado no te determina. Tú eres mucho más que la historia que has vivido hasta este momento. Tú puedes escribir una nueva historia que deje de estar basada en tus malas experiencias, ya que todo lo que tú viviste antes del día de hoy no es una sentencia. Perdona a esas personas que te abusaron y perdónate a ti por haberlo aceptado tanto tiempo, por haber aguantado, por haber permitido que la identidad de otra persona se impusiera sobre la tuya. Porque la mujer tiene identidad y la tuya es extraordinaria.

Me gusta mucho leer la palabra de Dios y allí he descubierto que la mujer fue creada con grandes dones y talentos pero que, conforme se hace adulta, va perdiendo su propia esencia y dejándose en manos de otros, dejándose esclavizar por otros. Por eso las insto a recobrar esa identidad que les fue dada desde el principio, el diseño por el cual fueron concebidas desde el Edén, como fueron soñadas. Descubre tu fuerza interior y finalmente define la mujer que tú quieres ser. No fuimos formadas con el fin de perdernos en los deseos de otro y eso yo lo vine a descubrir ya pasados mis cuarenta años, cuando recobré mi individualidad y decidí marcar la diferencia. En ese momento desperté.

Yo he conocido mujeres maravillosas que siendo adultos mayores han decidido finalmente transformar sus vidas, ejemplares damas que han sido inspiradas por sus nietas o por sus hijas para ser ejemplo de la posibilidad de vivir diferente en cualquier etapa de tu vida. Por ello te invito a creer que no importa si tienes setenta, si a esa edad descubres tu llamado, síguelo y te irás de este mundo dejando un legado poderoso en tu familia y el mundo entero.

Eso es lo que yo quiero lograr y a hacia allá me dirijo, esa es mi misión en esta tierra y te invito a acompañarme en el camino. Yo tengo ese llamado, yo visualizo a multitudes de mujeres frente a mí y Dios me ha mostrado en sueños que fui concebida para liderarlas hacia un mejor futuro. Soy María Atz y me identifico como "Coach de vida y autoestima": Mujeres reales, no ideales, búscame en redes sociales y marquemos juntas la diferencia.

CAPÍTULO **8**

Mis Recomendaciones Para Ti

"No temas, porque yo estoy contigo; no te desalientes,
porque yo soy tu Dios. Te fortaleceré, ciertamente te
ayudaré, sí, te sostendré con la diestra de mi justicia"

ISAÍAS 41:10

Antes de despedirnos, quisiera mirarte a los ojos y compartir unos minutos como las amigas en las que espero que nos hayamos convertido. Sueño con el momento en que podamos encontrarnos, compartir experiencias que nos llenen de dicha y que en ese encuentro te reconozca en paz contigo misma y con el camino que hayas escogido transitar.

Si estás pasando por un proceso donde se está comprometiendo tu identidad a merced de otra persona, quiero tenderte mi mano para que sepas que no estás sola; somos muchas las que hemos pasado por lo mismo y aquí estamos procurando labrarnos un mejor futuro. Puedes contar conmigo si deseas tomarte un tiempo para evaluar tus opciones y hallar una salida acorde con tu realidad, yo aquí estaré para escucharte si lo necesitas, me hará muy feliz verte intentarlo y que descubras por ti misma que lo más difícil es tomar la decisión; en adelante, comprobarás que las puertas se irán abriendo para darte paso y regalar al mundo la dicha de verte brillar de nuevo. Ojalá me concedas estar en primera fila para aplaudir tu despertar y renacimiento.

Mientras tanto, quiero compartirte algunas interrogantes que puedes hacerte para identificar en qué fase de tu proceso de sanación te encuentras y cuán distante está tu vía de escape, si cuentas con la capacidad de alcanzar la meta en solitario o si, por el contrario, debes considerar la posibilidad de pedir apoyo a alguien de tu confianza para que te tome de la mano en el ascenso. Se trata de preguntas poderosas en las que debes detenerte cuando estés decidida a generar un cambio importante en tu vida:

1. ¿Dónde estás parada en este momento? ¿Es allí donde debes estar? ¿Es allí donde quieres mantenerte? Te invito a mirar a tu alrededor por un momento e identificar si el espacio físico y espiritual donde hoy te desenvuelves te hace sentir atrapada o, por el contrario, te genera paz y tranquilidad.

2. ¿Sientes que tu identidad está bien definida o de algún modo la has perdido? Si es lo segundo, ¿de qué manera crees que puedes reencontrarte con tu propia individualidad? ¿Estás abriendo las posibilidades para lograrlo? Debes entender que la respuesta a la pregunta sobre tu identidad, sobre la mujer que tú eres, está dentro de ti. Busca entonces en lo más profundo de tu ser, sin incluir ningún factor externo, sino a la mujer que habita en tu corazón, en tus pensamientos, en tus actitudes y en tus sueños.

3. ¿Reconoces a la mujer que quieres ser? ¿Eres capaz de reconocerte a ti misma o te desconoces completamente? Trabajar con extraños es siempre una tarea difícil, imagina si ese desconocido vive dentro de ti y lo miras al espejo cada mañana. Al definir a la mujer que tú quieres ser, tendrás claridad para cambiar los comportamientos que no te aportan y construir nuevos hábitos, salir de esos círculos viciosos que te han detenido hasta ahora; sabrás afrontar y superar más fácilmente los desafíos que llegan.

4. ¿Qué quieres para tu vida? ¿Qué es lo que realmente deseas lograr? ¿Qué te frena para lograrlo? Identifica tus sueños y aspiraciones y si es un elemento externo o eres tú misma quien sabotea tus procesos de crecimiento. Sé resiliente. El camino hacia el éxito está sembrado de errores y reveses inesperados; no pasa nada si te caes, el único problema es que no te levantes.

5. ¿Cómo visualizas el futuro? Para ti, para tus hijos. ¿Tienes una idea clara de lo que te depara el destino? Fíjate una meta, diseña la mejor estrategia para alcanzarla y concentrarte en ella. Este es el paso previo a cualquier acción y en el que debes invertir todo el tiempo que sea necesario.

6. ¿Estás lista para ese cambio que buscas? ¿Eres capaz de verte dando ese salto cuántico que transformará tu vida? Visualízate dando los pasos necesarios para

conseguir tu objetivo, así como alcanzando el éxito, te ayudará a romper patrones mentales tóxicos y a mantenerte motivada.

7. ¿Qué te está deteniendo para lograr ese cambio? ¿Qué o quién te está reteniendo dónde estás? Es fundamental mantener una actitud positiva. Debes vigilar tus pensamientos y, cuando empieces a proyectar una vieja película tóxica, cortar de raíz esos pensamientos negativos.

8. ¿Qué voces estás escuchando dentro de ti? ¿A qué voces le pones atención? ¿Estás escuchando tu voz interior o la de las personas que te rodean? ¿Realmente te escuchas? ¿Te está guiando esa voz para que salgas de donde estás?

9. ¿Cómo será mi vida si no hago ese cambio? ¿Estoy donde quiero estar? Tómate el tiempo de considerar cómo te sientes realmente pues, si permaneces a fuerza en una realidad que te es incómoda o que carece de sentido, corres el riesgo de caer en depresión y apagar una por una todas tus esperanzas.

10. ¿Cómo mejorará mi vida si logro ese cambio? Visualiza tu vida con esa meta ya cumplida y trata de identificar cómo te sentirías. Ese trabajo de imaginación puede

traerte muchas respuestas si eres realmente sincera contigo misma.

Además de hacerte estas preguntas y trabajar disciplinadamente con ellas en tu mentalidad y espiritualidad, algo muy importante que debes cuidar si estás intentando implementar cambios drásticos en tu vida, es tu nutrición y salud física. Es vital que te sientas bien contigo misma, tanto por dentro como por fuera; por ello, no sólo debes limitarte a sanar tu ser interior, tu alma y tu corazón, también debes poner atención en llevar una alimentación balanceada y combinarla con ejercicios que te ayuden a conseguir y alinear la energía que necesitarás para afrontar cualquier circunstancia atenuante que pueda presentarse en tu transformación, sobre todo las relacionadas con temas de estrés y ansiedad.

Cuidar de ti, comprometerte con tu bienestar y felicidad en cada momento, implica también escucharte, atenderte y darte respuestas. Si eres infeliz, si no te gusta tu vida, es necesario tomar medidas pues, al final, si no te sientes bien con tu realidad, terminarás odiándote por no cambiarla.

Te sugiero que implementes el hábito de llevar una agenda o *schedule* de tus avances de cada día, que te levantes temprano y apartes una hora de tu jornada para caminar, meditar o hacer ejercicio. Lleva un registro de tus avances, lo que creas, lo que aprendas y visualiza antes de dormir lo que proyectas para el día siguiente, eso te ayudará a mantener un ritmo de trabajo constante y la documentación de tus progresos, por mínimos que te parezcan, te motivará a seguir trabajando en favor de esos cambios que cada vez identificarás con más claridad.

Distingue cuáles son tus aspiraciones y tus metas, así podrás adoptar las decisiones oportunas para alcanzarlas. Tener un objetivo bien definido, saber claramente por qué y para qué quieres conseguirlo, será tu mejor motor para avanzar. Plantéate metas a corto y largo plazo. Los objetivos demasiado ambiciosos pueden hacerte perder la motivación y fuerza de voluntad al ser más difíciles de alcanzar. Un paso a la vez. Divide tus objetivos en pequeños hitos que puedas ir superando paso a paso y que te permitan sentirte satisfecha y enfocada.

Que se te haga una costumbre el leer cada día, aunque sean unas breves líneas y en el momento que mejor te convenga; para mí, las primeras horas de la mañana son el espacio ideal para comenzar el nuevo día recargada de información positiva e ideas frescas que nutran mi mente y mi espíritu y me impulsen a enfrentar la jornada con ganas renovadas de comerme el mundo. Si para ti funciona mejor tomarte una pausa en mitad de tu día, relajarte y acompañar tu lectura con alguna bebida que disfrutes o cerrar con un momento de introspección y aprendizaje antes de dormir, también serán excelentes alternativas. Descubre tu espacio y instante ideal para alimentar tu mente y tu alma con palabras que le aporten a tu crecimiento personal y conviértelo en un hábito tan indispensable como comer o respirar.

Capacítate. No hay mejor manera de aumentar la autoconfianza que mediante la formación, esto te lo otorga la lectura constante, ya que te permite reforzar tus fortalezas y minimizar tus debilidades. El hecho de adquirir nuevas competencias te permitirá sentirte preparada para enfrentarte a nuevas etapas y rediseñar tus límites.

Dedica también un tiempo a la oración. Conecta con ese Dios que será tu cómplice y mejor compañero de camino, ya que nadie mejor que Él conoce los deseos de tu corazón. Pon en sus manos tus anhelos y preocupaciones y pídele con fervor aquello que necesites. Aprovecha ese espacio para fomentar el encuentro contigo misma, indaga sobre tus propios deseos y conócete bien. Aunque sea por unos minutos, pues estoy segura de que eres una mujer ocupada y cargada de compromisos, deja de mirar hacia afuera y enfócate en lo que hay dentro de ti para poder reencontrarte con tu esencia; busca en lo más profundo de tu ser y permite que la energía divina te invada para que así abra los caminos correctos hacia tu verdadero destino.

Dedicar unos minutos al día a meditar, controlar tu respiración y enfocar tu mente, será de gran ayuda cuando tengas que enfrentarte a situaciones de estrés fuera de tu zona de confort.

Descubre tu fuerza interior, esta es la clave y la parte más importante de tu transformación, donde te describirás como la mujer que eres con todas las características positivas que te conforman. Tú eres la única que sabe exactamente qué es lo que quiere; al potenciar tu fuerza interior, aprenderás a confiar más en ti misma, a utilizar ese empuje que te caracteriza para atreverte a más.

Aléjate del rol de víctima. Ser una mujer empoderada implica asumir la total responsabilidad de tu vida y tus decisiones. Enfócate en potenciar tus fortalezas y quita el foco de tus debilidades; al estimular y reforzar tus fortalezas, lograrás un mayor equilibrio emocional, que es el ecualizador apropiado para armonizar la vida.

Y por último, pero no menos importante, abre una posibilidad de ingreso que te permita auto sustentarte a la hora que decidas tomar un sendero en solitario. Si no eres una mujer de negocios, identifica la opción que te funcione para empezar a generar tus propias finanzas y dejar, paso a paso, de ser codependiente (si es tu caso) de tus padres, de tu marido o cualquier otra persona que no seas tú misma.

Que la falta de dinero no sea el motivo que te mantenga atada a un lugar o compañía que no deseas. Recuerda que tienes la capacidad de emprender cualquier empresa que te propongas, solo debes echarle creatividad y creerte que tu éxito empieza y termina en ti, en tus ganas de alcanzar tu prosperidad y libertad financiera. Desecha el miedo a no ser suficiente y sal de esa "zona de confort" que en nada te conforta; arriésgate y cosecharas frutos abundantes.

Decídete a empoderarte de tu vida y toma conciencia de que tienes la capacidad de ser dueña de tus propias acciones; de liderar, sin la intervención de nadie más, tu existencia. Sal de tu zona de confort y no tengas miedo a asumir nuevos desafíos, verás que sin darte cuenta irás venciendo tus temores y adquiriendo nuevas experiencias que te ayudarán a abrir muchas puertas y a valorarte cada vez más.

CAPÍTULO **9**

El Amado: Mi Salvador en la Noche Oscura

"Mujer virtuosa, ¿quién la hallará? Porque su estima sobrepasa largamente a la de las piedras preciosas."

PROVERBIOS 31:10

¿De qué manera María Atz integra su día a día? Es un proceso que parte desde lo más profundo de mi ser, encontrando un equilibrio entre mi vida secular o cotidiana y mi conexión espiritual. Cada día, me dedico a guiar, inspirar y fortalecer a grupos de mujeres, compartiendo con ellas mi experiencia y buscando mover sus mentes, almas y corazones. ¿Cómo encuentro la fortaleza para sostenerme, incluso cuando brindo energía y tiempo a estas mujeres? La respuesta radica en mi relación íntima con Dios. Desde las primeras horas de la mañana, me sumerjo en la gratitud, reconociendo y agradeciendo cada bendición que Él me otorga: mi hogar, mis hijos, mi vida misma. Trabajo desde mi ser, desde la plenitud de la gratitud, dando lo que por gracia he recibido.

Es un ciclo de dar y recibir, porque al compartir lo que recibo de mi amado con otros, experimento un constante flujo de bendiciones. Así, antes de comenzar mis labores diarias, me aseguro de estar plenamente llena y sostenida por la presencia de Dios. Aunque a veces enfrento desafíos físicos, como la irritación de garganta que me aqueja en este momento, sé que Él me sostiene, es mi sanador supremo. Y así, continúo transmitiendo este mensaje poderoso a todas las mujeres que buscan ese encuentro con Él.

Sin duda alguna, el trabajar desde el ser, desde la gratitud, produce una transformación profunda en las personas. Por eso, considero fundamental que todo líder, toda mujer con un propósito definido en esta tierra, encuentre el equilibrio entre su vida espiritual y sus responsabilidades diarias. Si me enfocara únicamente en el hacer, correría el riesgo de desconectarme nuevamente del amado, de perder mi identidad. Por eso, permanecer en su presencia es mi mayor fortaleza. Allí encuentro todo lo que necesito, todo lo que anhelo. Él es mi mejor compañero de vida, mi amado eterno, mi Dios, mi creador, mi dueño, mi amo y conductor en esta existencia terrenal. Con los años que Él ha dispuesto para mí aquí, seguiré dedicándome a su obra, escribiendo y compartiendo con el mundo las maravillas y misericordias que ha obrado en mí. Cada día mantengo un diálogo íntimo con Él, buscando ser un instrumento honroso en su presencia para llevar su mensaje de amor y salvación a quienes aún no lo conocen.

Lo que he aprendido a lo largo de mi vida y mis procesos es que antes creía en Él, pero ahora lo conozco. Todo lo que hago lo realizo con fe, confiando plenamente en su guía y providencia. Esta es mi experiencia cotidiana, donde no pasa un día sin que hable con Él y busque su dirección.

En este sentido, mi propósito en esta tierra es despertar y recordar a las mujeres de su valor y las poderosas herramientas que Él ha depositado en sus vidas. Invito a cada una a desenterrar sus talentos y recordar que tienen un propósito divino. Por eso te animo a buscarlo, conocerlo y experimentar esa transformación que yo también he vivido y sigo viviendo cada día en su presencia.

En los momentos más desafiantes de mi vida, descubrí el poder de sostenerme a través de los procesos más difíciles, esa niña, esa adolescente, esa mujer, esa esposa y esa madre. Cuando todo parecía desmoronarse y yo, María Atz me encontraba en un punto de quiebre, donde el agotamiento y la desesperación se apoderaban de mí, encontré refugio en los brazos del amado. Fue en ese encuentro íntimo con Dios donde comencé a sumergirme en su palabra, aunque al principio no entendiera completamente su significado. En esos momentos de búsqueda y rendición, encontré un poder sobrenatural en la Palabra de Dios.

Aunque muchas veces me sentía perdida y sin comprensión, una voz interior me aseguraba que, con el tiempo, todo cobraría sentido. Me sumergí en la lectura, la oración y los ayunos, buscando llenar ese vacío que sentía en mi interior. Descubrí que cada día de intimidad con Dios me acercaba más a mi verdadera identidad, aquella que había perdido en medio de las luchas de la vida.

Las noches de vigilia y los días de ayuno vinieron sin yo buscarlos. En medio del insomnio y la falta de apetito, encontré consuelo en la presencia del amado, sabiendo que Él siempre estaría conmigo, incluso en los momentos más oscuros. Para ser sincera, esas largas noches de vigilia no eran porque realmente María Atz quería hacer vigilia, simplemente eran porque el insomnio llegaba sin poder dormir, sin poder descansar, atendiendo a dos niñas.

Sin embargo, con el tiempo, fui profundizando en versículos como Josué 1:9 que dice:" Mira que te mando que te esfuerces y seas valiente; no temas ni desmayes, porque Jehová tu Dios estará contigo en dondequiera que vayas." donde encontré la fortaleza para enfrentar mis miedos y seguir adelante. Aprendí a confiar en que Dios estaba conmigo en cada paso del camino, guiándome y sosteniéndome incluso en medio de las adversidades más difíciles. Y aunque los procesos de la vida seguían siendo dolorosos e inciertos, encontré paz y esperanza en la certeza de que nunca estaría sola.

Mientras tanto, continué memorizando versículos y sumergiéndome en la Palabra, descubriendo en ella una fuerza sobrenatural que me sostuvo en los momentos más difíciles. Fui desentrañando códigos secretos poderosos que me dieron fortaleza durante las largas noches de insomnio y los días sin comer. En esos momentos de desesperación, él fue mi único sostén.

Es por ello que quiero decirte que, si te encuentras inmersa en esos procesos de sufrimiento, soledad, depresión y ansiedad, no estás sola. Aunque te sientas desorientada en la oscuridad, el amado siempre está presente, esperando que abras tu corazón y establezcas una conexión íntima con él. No se trata de realizar largas oraciones ritualistas, sino de sumergirte en la meditación y la escucha interior.

Es importante recordar que él comprende completamente tu situación, ya que experimentó personalmente todas esas emociones mientras vivía en la tierra en forma humana. Dios descendió de su trono celestial y se hizo hombre para sacrificarse por ti en la cruz. Durante su tiempo en la tierra, experimentó los mismos sentimientos y desafíos que nosotros, aunque nunca pecó. Por eso nos ofrece una oportunidad de redención, porque nos entiende y nos ama incondicionalmente.

Su resurrección al tercer día después de su muerte nos brinda esperanza, gozo y la promesa de una vida plena en él. Nos asegura que siempre tendremos vida en él, una certeza que nos sostiene en los momentos más oscuros y difíciles.

Por otro lado, descubrí que la comunicación con Dios puede manifestarse de diversas formas: a través de la naturaleza, de una alabanza, de la oración, de la lectura de su palabra o simplemente percibiendo los latidos de mi propio corazón. En cada etapa de mi vida, en medio de la soledad y el dolor, experimenté su amor y su consuelo de maneras inesperadas.

Así, conforme avanzaba en mi búsqueda espiritual, comprendí que Dios siempre estuvo presente, cargándome en sus brazos cuando ya no podía más. Sentí su amor verdadero y su fidelidad en cada palabra susurrada en el silencio de la noche, en cada momento de meditación profunda.

Quiero compartirles a todas estas mujeres que tendrán en sus manos este libro, que no hay otra respuesta para nuestras vidas más que la presencia amorosa y reconfortante de Dios. En medio de la aflicción y la angustia, solo él puede llenar el vacío en lo más profundo de nuestro ser, porque no hay nadie más que pueda comprendernos y sostenernos como él lo hace.

Con toda certeza, puedo afirmar que no hay nadie más que pueda caminar a tu lado en los momentos más difíciles de la vida. Recuerdo una parte de la palabra donde Él nos brinda un regalo y una promesa hermosos. Es una promesa que nos reconforta en los momentos de prueba: "Cuando pases por las aguas, yo estaré contigo; y si por los ríos, no te anegarán. Cuando pases por el fuego, no te quemarás; las llamas no te consumirán. Porque yo, el Señor, soy tu Dios; el Santo de Israel, tu Salvador." Es un recordatorio poderoso de su constante presencia y protección en nuestras vidas.

Querida mujer, no sé en qué punto te encuentras mientras sostienes este libro en tus manos, pero al llegar al final, te comparto este último capítulo como un regalo. Aquí, te hablo de ese Gran Yo Soy, Jesús de Nazaret, ese amado precioso que, aunque no podamos ver, podemos sentir profundamente en nuestro corazón. Puedes escuchar el susurro de su voz incluso en los momentos más oscuros, cuando te sientes sola y abandonada. Recuerda que Él ya ha pagado un precio inmenso por ti, un precio que demuestra tu valor infinito. De igual forma, me encanta meditar en Proverbios 31:10, donde se pregunta: Mujer ejemplar, ¿dónde se hallará? ¡Es más valiosa que las piedras preciosas!" ¡Tú vales más de lo que puedes imaginar ante los ojos de Dios! Él te ve como la niña de sus ojos, te ama con un amor incondicional y cuida de tu alma con infinita ternura.

En los momentos más difíciles de mi vida, siempre sentí sus brazos de amor rodeándome, infundiéndome fuerza cuando me sentía débil. Él renovó mis fuerzas como las del águila y me guio hacia la felicidad. Ahora, en esta nueva etapa de mi vida, encuentro alegría y plenitud en su presencia. Cada vez que necesito a un amigo fiel, acudo a él en oración y encuentro consuelo y fortaleza.

En su presencia, he experimentado una paz que el mundo no puede ofrecer, una paz que supera todo entendimiento. Mujer, te digo con toda sinceridad que solo en la presencia de Dios hay plenitud de gozo y verdadera felicidad.

No hay otro lugar en el que haya encontrado mayor belleza y precioso consuelo que en la presencia de Dios. No puedo sugerirte que busques en otro sitio, porque es solo en su presencia donde hallarás la paz, la plenitud, el gozo y la llenura de su Espíritu. Es allí donde encontrarás verdadera alegría y gloria. Sin embargo, para experimentarlo, debes establecer una relación íntima con Él. Es necesario abrir tu corazón y conversar con él, rendirte ante su presencia para permitir que Él obre en tu vida de manera maravillosa.

No puedo hablar de ninguna otra persona que me haya sacado de los momentos más oscuros de mi vida, solo puedo hablar del Gran Yo Soy, el Dios poderoso que me levantó, me sostiene y llena mi corazón de felicidad. Disfruto cada momento en su presencia, salgo fortalecida, rebosante de gozo y ungida por su Espíritu. Aunque los procesos de la vida continúen, en su presencia la carga se hace ligera, como dice su palabra.

Generalmente hablo con él en todas partes: cuando cocino, cuando limpio mi casa, cuando conduzco. Aprendí a mantener esa relación constante con él, a hablarle de manera sencilla y sincera. Utilizo palabras simples como "te amo, Dios", "eres precioso para mí", o "santo, santo, santo". También me imagino su presencia de diversas formas: como una luz brillante que llena mi ser, como un aceite que cae sobre mí y me envuelve, o como llamas de fuego dentro de mí. Esto es lo que me conecta con él, lo que me hace sentir su cercanía en todo momento.

Así es como experimento el poder de Dios en mi día a día, alabándolo, cantando, orando, y hablando con él. No puedo ofrecerte otra forma de experimentar su presencia que no sea buscándolo donde estés. Él está siempre ahí, esperando que lo llames, que le hables, que lo busques. Solo cierra los ojos y comienza a sentir su presencia. Él te escuchará, te responderá, te dejará encontrarlo y tocarlo. Es una experiencia hermosa que te cambiará profundamente una vez que lo conozcas.

Mi invitación es a que lo busques, a que intimides con él, a que te enamores de su belleza y dulzura. Él puede sanar cualquier herida, romper cualquier cadena, entrar en cualquier abismo. Él es poderoso, grande, maravilloso. Es mi amado, mi Dios, mi Señor, mi proveedor y protector. El gran Yo Soy. Siempre está a mi lado, cuidando de mí y de mis seres queridos, día y noche. Esa es mi experiencia con el amado, y te prometo que si lo buscas, también lo encontrarás. Él se revela en cada detalle de la vida, en cada momento, en cada susurro del viento y cada rayo de sol. Es un compañero constante, un refugio seguro, un amor eterno que nunca falla.

No sé dónde estaría si no me hubiese encontrado él a mí, ya que yo no lo buscaba. Fue en esa noche de oscuridad y desesperación que Él me encontró, mirándome con ojos llenos de misericordia y amor, cautivándome por completo. Mi deseo es vivir enamorada de Él hasta los últimos días de mi existencia. Por ello, te invito, mujer, a que lo busques, a que entables una conversación con Él y a que establezcas una relación íntima donde puedas escuchar su voz, reflejada en las cartas de amor que ha dejado en su Palabra. Ahí, descubrirás más acerca de quién te llama. Lee su palabra y sumérgete en la intimidad de la relación con Él. Si realmente deseas conocerlo y tener un encuentro con Él, la clave está en rendirte en su presencia.

Es por todo esto que quiero compartir contigo una oración especial, una oración que no solo se pronuncia con los labios, sino que se hace desde lo más profundo del corazón, allí donde reside la verdadera fe. Esta oración es el primer paso en el camino hacia una transformación genuina, hacia una vida nueva en Cristo. Es una invitación a abrir el corazón y permitir que el amor de Dios lo llene todo.

La oración es sencilla, pero poderosa. Es un acto de humildad y entrega, donde reconocemos nuestra necesidad de salvación y nuestra dependencia de Dios. Cuando la hacemos con sinceridad, estamos diciendo al Señor que queremos seguirlo, que queremos ser parte de su familia y experimentar su amor y su gracia de manera personal.

"Señor Jesús, reconozco que soy pecadora y que necesito tu perdón. Creo que moriste en la cruz por mis pecados y que resucitaste al tercer día. Hoy te abro mi corazón y te invito a ser mi Señor y Salvador. Limpia mi vida, lléname con tu Espíritu Santo y ayúdame a vivir para ti cada día. Te entrego mi pasado, mi presente y mi futuro. Gracias por tu amor incondicional y por darme la oportunidad de comenzar de nuevo. Amén."

Al pronunciar estas palabras, estamos dando un paso de fe hacia una vida transformada. Estamos reconociendo que no podemos hacerlo solos, que necesitamos a Dios en nuestras vidas. Y lo maravilloso es que él siempre está dispuesto a recibirnos, a perdonarnos y a darnos una nueva oportunidad. Una vez que hacemos esta oración, comienza un viaje emocionante de crecimiento espiritual y renovación interior. Dios comienza a obrar en nuestras vidas de maneras sorprendentes, transformando nuestros corazones, nuestras mentes y nuestras acciones. Y aunque habrá desafíos en el camino, podemos confiar en que él estará con nosotros en cada paso del camino, fortaleciéndonos, consolándonos y guiándonos con su amor inagotable.

Por eso te ánimo, mujer valiente, a que hagas esta oración con todo tu corazón, a que te entregues por completo a Dios y permitas que él transforme tu vida de una manera hermosa y poderosa. No hay límites para lo que Dios puede hacer en y a través de ti cuando te entregas a su voluntad y confías en su amor y su poder.

Para finalizar, no quiero que termines de leer este libro sin contarte que, en la historia de la humanidad, las mujeres han desempeñado roles fundamentales, tanto en el ámbito familiar como en el desarrollo de la sociedad. A lo largo de las escrituras, vemos ejemplos de mujeres valientes, sabias y compasivas que han dejado una huella indeleble en la historia de la fe. Desde las matriarcas del Antiguo Testamento hasta las discípulas de Jesús en el Nuevo Testamento, las mujeres han sido instrumentos poderosos en las manos de Dios para llevar a cabo su obra redentora en el mundo.

Dios valora y honra a las mujeres como seres creados a su imagen y semejanza. En Génesis 1:27, leemos: "Y creó Dios al hombre a su imagen, a imagen de Dios lo creó; varón y hembra los creó". Esta declaración resalta la igualdad de valor y dignidad entre hombres y mujeres ante los ojos de Dios. Ambos son amados y valorados por igual como parte de su creación.

Además, a lo largo de la Biblia, vemos cómo Dios utiliza a mujeres para cumplir sus propósitos divinos. Desde Débora, quien lideró a Israel en tiempos de juicio, hasta Ester, quien salvó a su pueblo de la destrucción, las mujeres han sido instrumentos clave en la obra redentora de Dios en el mundo. Incluso en el ministerio terrenal de Jesús, vemos cómo él interactuaba con las mujeres con compasión y dignidad, desafiando las normas culturales de su época y demostrando el valor que Dios les otorga.

Y como te comentaba algunas líneas antes, una de las expresiones más claras del valor que Dios les otorga a las mujeres se encuentra en Proverbios 31, donde se describe a una mujer virtuosa cuyo valor supera al de las piedras preciosas. Esta descripción no solo resalta las cualidades admirables de esta mujer en particular, sino que también refleja el valor intrínseco de todas las mujeres a los ojos de Dios. Cada mujer es amada, apreciada y valorada por el Creador, quien la ha diseñado con un propósito único y especial.

En la historia de la redención, vemos cómo Dios utiliza a mujeres para llevar a cabo su plan de salvación. Desde María, la madre de Jesús, quien dio a luz al Salvador del mundo, hasta María Magdalena, quien fue testigo de la resurrección de Cristo y proclamó las buenas nuevas del evangelio, las mujeres desempeñaron roles significativos en la historia de la fe cristiana. Su participación activa y su valentía son testimonios del poder transformador de Dios en la vida de quienes confían en él.

Es importante destacar que el valor y la importancia que Dios le otorga a las mujeres trascienden las limitaciones culturales y sociales. Aunque en algunos contextos las mujeres han sido marginadas o subestimadas, Dios las ve como seres preciosos y valiosos, dotados de dones y talentos que pueden ser utilizados para su gloria y el bienestar de otros.

Esta es la invitación que dejo para ti, mujer. Agradezco tu presencia en mi vida y que tengas este libro entre tus manos. Gracias.

Gracias por acompañarme en este viaje a través de mi historia. Espero que encuentres inspiración y motivación para vivir plenamente en el presente, confiando en la guía divina para un futuro lleno de bendiciones. Que la luz del Espíritu Santo te guíe siempre hacia la verdad y la felicidad. Un fuerte abrazo y bendiciones para ti y tu familia, estés donde estés en el mundo.

Despedida

Solo me queda bendecirte y agradecerte el valor de llegar hasta aquí a pesar de los temores que puedas estar albergando ante la posibilidad de emprender un verdadero y drástico cambio en tu historia y en tus patrones de vida. Aplaudo tu valentía al procurarte los medios para lograrlo y te deseo, de todo corazón, que disfrutes de las mieles del éxito al alcanzar tu objetivo último. No tengo duda que lo conseguirás porque eres capaz y maravillosa y salvado el primer gran obstáculo, que eres tu misma, no habrá quien te detenga en la consecución de tus metas y sueños más profundos.

No olvides compartir tu historia para seguir inspirando a más mujeres que, como nosotras, necesiten despertar su mente, su alma y su corazón para iniciar su propio camino de sanación. Pongo a tus órdenes mis canales si deseas hacer uso de ellos para expresarte, solo no olvides ser real, contar tu experiencia tal y como la viviste, sin avergonzarte, sin ponerle maquillaje, muéstrate tal cual eres ante el mundo porque si eso ayuda a alguien más a reunir la valentía para salir adelante y te enteras, tu satisfacción será tan grande que te aseguro, porque ya me ha pasado, que no podrás detenerte en tu necesidad de seguir esparciendo la llama dentro de ti y que esta continuará creciendo inextinguible.

Te invito a seguirme en mis canales, unirte a mis grupos, participar de mis talleres: Mujeres reales, no ideales, ¡tal y como somos! Vivencias reales, no me las contaron, no las leí en un libro, esto lo viví yo en mi propia piel. Atrévete, ¡cuéntale al mundo! Que nada te acalle, deja la vergüenza a un lado. Si lo sabe Dios, ¡que lo sepa el mundo! Si eso que tú has vivido despierta a otra mujer, pues contémoslo al mundo entero. Comparte tu historia, escucha la de otras, mi espacio es el tuyo. Además, conocerás a otras mujeres que también buscan el desarrollo continuo, mujeres que atraviesan situaciones similares a las tuyas. ¿Por qué nos tenemos que callar? ¿Por qué tenemos que fingir ser mujeres ideales si realmente no lo somos? ¡Esto somos! Reales. Auténticas. Humanas y por ello hermosas, una comunidad de mujeres valientes que no se dejan por nadie ni por nada. Una de las cualidades del empoderamiento femenino es el apoyo mutuo. Únete a mi comunidad y espero verte muy pronto para escucharte gritar al mundo lo que tengas que decir.

Dios te bendiga, mi futura gran amiga.

Descubrí mi propósito en esta tierra: despertar y recordar a las mujeres su valía y potencial. A través de mi testimonio de transformación y fe, busco inspirar a cada mujer a buscar una relación íntima con Dios, quien tiene un plan maravilloso para sus vidas. -María Atz-

Mi historia es real y poderosa, y deseo compartirla con todas las mujeres que necesitan un rayo de esperanza en medio de la oscuridad. Invito a cada hermosa mujer a despertar su potencial, a creer en el poder del cambio y a buscar una relación íntima con el Amado que nos guía y sostiene en todo momento. -María Atz-

Cada mañana, mi día comienza con gratitud y conexión espiritual, recordando el milagro de un nuevo amanecer y las bendiciones que Dios ha derramado en mi vida. A través de la lectura de las historias de mujeres valientes en la Biblia, encuentro inspiración para seguir orientándote en tu transformación personal. -María Atz-

Instagram: maría_atz_f

Linktree

Facebook: mariaatzf

YouTube: MariaAtzCoach

Email: info.mariaatz@gmail.com

www.ingramcontent.com/pod-product-compliance
Lightning Source LLC
Chambersburg PA
CBHW021236090426
42740CB00006B/560